À toi! 1B

Carnet d'activités

Mit Extra-Förderübungen und Zusatzübungen im eingelegten Heft

scook

AUDIOS online

Deine **Audios** und interaktiven Gratisübungen zum Kennenlernen findest du hier:

1. Gehe auf scook.de.
2. Gib den unten stehenden Zugangscode in die Box ein.

Dein Zugangscode auf
www.scook.de | u4x94-yovuj

Vokabel Trainer
Cornelsen

Vokabeltrainer-App

Verfügbar für: iOS, Android und Windows Phone

Cornelsen

À toi! 1B
Carnet d'activités

Im Auftrag des Verlages erarbeitet von:
Catherine Jorißen, Michèle Héloury

und der Redaktion Französisch
Julia Goltz (Projektleitung), Iris Gleimann, Sophie Ortiz-Vobis, Monika Schulze
Bildassistenz: Brigitte Bandorf, Sabrina Battaglini, Christiane Ulrich

Umschlaggestaltung und Layoutkonzept: werkstatt für gebrauchsgrafik, Berlin
Layout und technische Umsetzung: Rotraud Biem, Berlin
Illustrationen: Laurent Lalo
Umschlagfoto: © fotosearch (Vordergrund); © Pixtal (Hintergrund)

Bildquellen

Fotos: © 123RF: S. 29, S. 42 – © Cornelsen Verlagsarchiv: S. 51 (pot de confiture); Battaglini: S. 51 (œufs, yaourts, bouteille d'eau minérale); Denimal / Uzel: S. 10, S. 17, S. 31 (Anissa und Mehdi), S. 36, S. 39, S. 40; Schrader: S. 51 (bonbons), S. 63 – © Fotolia.com: S. 31 (cochon d'Inde, chien, chat); alephnull: S. 31 (Zakia); Kurhan: S. 31 (Lakdahr); Patryssia: S. 19 (3); pressmaster: S. 24; Thierry Hoarau: S. 51 (pain au chocolat); volff: S. 51 (pommes) – © iStockphoto: S. 21; S. 26 (Paul); S. 27 (Hintergrund); S. 28 (oben); S. 29 (1. und 2. von oben); S. 33 (1, 4, 5); S. 42 (1., 2. und 4. von links); Agnieszka Kirinicjanow: S. 54 (salade de fruits); cynoclub: S. 13 (4. von links); David Vernon: S. 53; Diana Lundin: S. 31 (Aïcha); diego cervo: S. 31 (Rachid); Dimitar Bosakov: S. 19 (4); Hakan Dere: S. 54 (glace au chocolat); huseyin turgut erkisi: S. 31 (Dounia); Irina Drazowa-Fischer: S. 19 (7); Marina Maslennikova: S. 13 (3. von links); Mark Gillow: S. 54 (gâteau aux pommes); Martti Salmela: S. 13 (1. von links); mehmet torlak: S. 13 (2. von links); omgimages: S. 19 (9); pressureUA: S. 4 (unten); Ragip Candan: S. 31 (Farida); Studio-Annika: S. 19 (10); Svitlana Pavzyuk: S. 19 (6); Valerie Loiseleux: S. 19 (2); Vesna Andjic: S. 3; – © panthermedia / Erich Teister: S. 60 (le centre Pompidou); Harald Jeske: S. 27 – © Shotshop.com S. 33 (3) – © shutterstock: S. 26 (Sami); Dan Breckwoldt: S. 60 (le Sacré-Cœur); Huang Yuetao: S. 60 (la place de la Bastille); Monkey Business Images: S. 31 (Paul); Nikonaft: S. 60 (la tour Eiffel); Abdul Sami Haqqani: S. 60 (la Seine); Aletia: S. 31 (Mariam, Noémie); GVictoria: S. 31 (Ramadan); Koroleva Katerina: S. 31 (Samira); Lisa F. Young: S. 11; Picsfive: S. 51 (bananes); shyshak roman: S. 31 (Sherif)

© Alamy / DV TRAVEL: S. 19 (8); Helen Cathcart: S. 62 (la place du Trocadéro); incamerastock: S. 72-73; Kader Meguedad: S. 62 (les Champs-Élysées); patrick nairne: S. 62 (le boulevard Saint-Michel); Photononstop: S. 62 (l'île de la Cité); WorldPix: S. 19 (la fête de la Musique) – © CSI / Guillaume Czerw CSUPER: S. 56 – © Getty Images/AFP: S. 19 (5) – © laif / REA: S. 29 (4) – © mauritius images / Alamy: S. 66; allOver: S. 62 (le parc André Citroën); ib / Jörg Dauerer: S. 60 (Notre-Dame); ib / Stephan Gabriel: S. 60 (le musée du quai Branly); Photononstop: S. 29 (3); Rene Mattes: S. 60 (la Géode); Steve Vidler: S. 60 (le Louvre); SuperStock: S. 62 (le quartier Bel Air); Umstätter: S. 33 (2); Vidler: S. 29 – © Sipa: S. 51 (lait)

Grafik: © Bayard Presse S.A. 2008, Texte: Paul Martin. Photo: Philippe Ughetto, S. 15

Illustrationen: © Bayard Presse S.A. 2007, Anne Simon, S. 42; © Éditions de Tournon – Carabas, Msieu Sylvain 2010, S. 43; NARUTO © 1999 by Masashi Kishimoto / SHUEISHA Inc., S. 32

Text: © Cornelsen Verlagsarchiv / Schrader, S. 63

Förder- und Zusatzübungen

Fotos: © 123RF: S. 8 (3. von links) – © Charlesknox: S. 8 (4. von links) – © Cornelsen Verlagsarchiv / Denimal / Uzel: S. 4, S. 20, S. 22, S. 23 (oben) – © digitalstock: S. 23 (unten) – © easyFotostock / Stockbroker: S. 13 – © iStockphoto: S. 8 (1. von links) – © shutterstock: S. 8 (2. von links)

Symbole und Verweise

- 🎧 2 – Hörtext online (z. B. Track 2)
- Differenzierung:
  - ○ leichtere Übung
  - ● anspruchsvollere Übung
- Sprachmittlungsübung
- ▶ 31|1 – Hier passt S. 31, Übung 1 im Lehrbuch.
- Partnerarbeit
- Gruppenarbeit
- DELF – Diese Übung eignet sich besonders für die Vorbereitung auf die DELF-Prüfung

www.cornelsen.de

Alle Drucke dieser Auflage sind inhaltlich unverändert
und können im Unterricht nebeneinander verwendet werden.

Druck: Parzeller print & media GmbH & Co. KG, Fulda

1. Auflage, 2. Druck 2014	1. Auflage, 5. Druck 2019
Lehrerfassung:	Schülerheft:
ISBN 978-3-06-024368-6	ISBN 978-3-06-022433-3

PEFC zertifiziert
Dieses Produkt stammt aus nachhaltig bewirtschafteten Wäldern und kontrollierten Quellen.
www.pefc.de
PEFC/04-31-1308

1 a Écoute et répète ce poème. | Hör zu und wiederhole dieses Gedicht.

b Fais une illustration pour ce poème. | Erstelle eine passende Zeichnung für das Gedicht. Du kannst auch eine Collage anfertigen.

Bonjour, Geoffroy, c'est moi!
C'est qui, toi? C'est toi, François?
Mais non, c'est moi, Benoît!
Ah, c'est toi! Salut, ça va?
Ça va, ça va ... Et toi?
Super! Salut, Benoît!
Au revoir! À plus! Geoffroy!

2 Je suis Rachid. Reconstitue le dialogue. | Stelle den Dialog wieder her. Nummeriere die Antworten von 1–9.

1 Salut, tu t'appelles comment?
2 Tu as quel âge?
3 Tu es en cinquième?
4 Tu habites où?
5 Tu as des frères et sœurs?
6 Tu as des animaux?
7 Tu as des copains?
8 Qu'est-ce que tu aimes?
9 Tu parles bien allemand?

☐ Non, ma mère n'aime pas les animaux en appartement.
☐ Je parle un peu allemand. Euh ... Ich liebe dich!
☐ J'ai deux sœurs: elles ont 15 et 11 ans.
☐ Oui, je suis en 5ᵉ C.
☐ Oui, bien sûr, j'ai des copains! Je suis super sympa!
☐ J'aime le sport: le foot, le volley et le VTT. J'adore les jeux vidéo!
1 Je m'appelle Rachid.
☐ J'ai 13 ans.
☐ J'habite dans la tour derrière le parc.

3 Pauline se présente. Écoute et coche le dessin correspondant. | Pauline stellt sich vor. Hör zu und kreuze die passende Zeichnung an!

4 **a** Lis le texte sur Lili et Léo. | Lies den Text.

Lili et Léo sont frère et sœur. Ils ont 13 et 12 ans. Lili est en cinquième. Elle est dans la classe de son amie Ariane. Léo est en sixième. C'est l'ami de Philippe. Lili et Léo habitent à Paris, dans la rue Broca. Dans le quartier, il y a une boulangerie, une librairie, une médiathèque et un supermarché.

Les parents de Lili et Léo sont profs!

Lili aime beaucoup le patinage et les livres. Elle aime bien le collège. Léo aime le ping-pong et les jeux vidéo. Il n'aime pas les devoirs.

b Vrai ou faux? Coche la case correspondante. | Richtig oder falsch? Kreuze das entsprechende Feld an.

	Vrai	Faux
1. Lili a un frère, il est en sixième.	☐	☐
2. Lili est en cinquième avec sa copine.	☐	☐
3. Les parents de Lili sont surveillants.	☐	☐
4. Lili et Léo habitent dans la rue de Paris.	☐	☐
5. Il y a un cinéma dans le quartier.	☐	☐
6. Lili n'aime pas le collège.	☐	☐
7. Léo n'aime pas les devoirs.	☐	☐
8. Philippe, c'est le copain de Léo.	☐	☐

5 **Quelque chose ne va pas. Lis ce mail et corrige-le.** | **Da stimmt was nicht! Finde die richtige Reihenfolge der markierten Wörter und schreibe die E-Mail noch einmal neu.**

Salut, Faïza!

C'est ma classe! Je suis en cinquième. Mon amie Lara est dans la rentrée! Tom, le frère de Lara, est dans ma rue de mon frère. C'est cool! Tom et Lara habitent dans la classe, alors, après des croissants, on rentre ensemble. On passe aussi par les cours! Il y a la boulangerie, c'est trop bon!
Et toi, ça va?

À plus!
Karima

____

____

____

____

____

____

____

____

6 **Il y a une boulangerie dans le quartier?** | **Lies die Sätze und trage die Symbole in den Plan ein.**

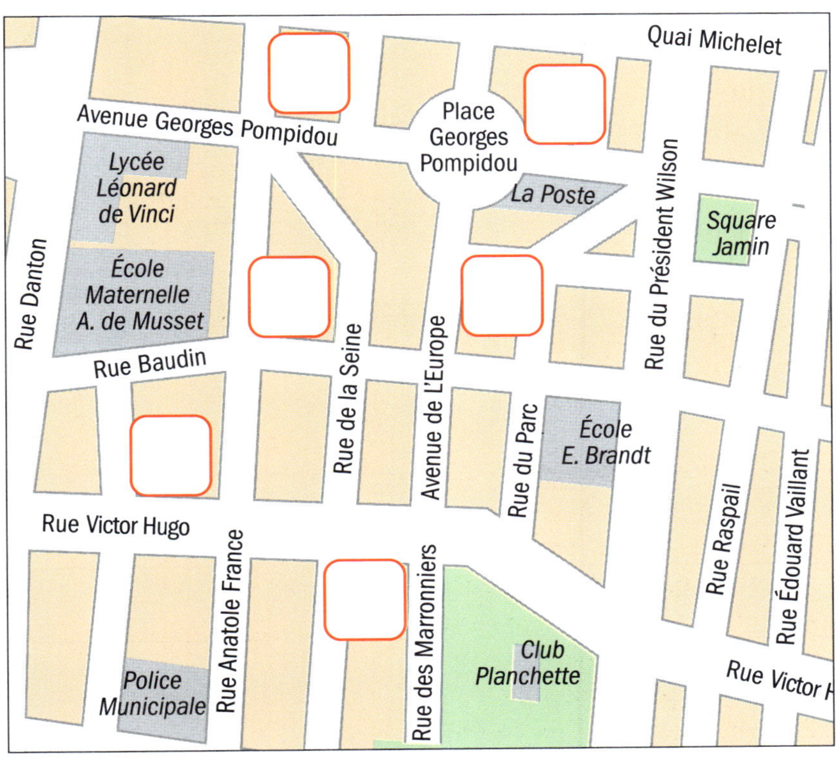

1. Il y a une boulangerie dans la rue Baudin.

2. Il y a un cybercafé dans la rue Victor Hugo.

3. Il y a une librairie, avenue Georges Pompidou.

4. Il y a un supermarché dans la rue des Marronniers.

5. Il y a un roller parc, avenue de l'Europe.

6. Il y a un hôtel, place Georges Pompidou.

7 Dans la chambre de Mathis. Souligne la bonne réponse. | Unterstreiche die richtige Antwort.

1. Le lecteur mp3 est à côté de l'ordinateur.
   Le lecteur mp3 et devant l'ordinateur.
2. Les bédés sont sous la chaise.
   Les bédés sont sur la chaise.
3. Le sac est derrière la porte.
   Le sac est devant de la porte.
4. L'armoire est à côté du lit, à droite.
   L'armoire est à côté du lit, à gauche.
5. La console est entre les DVD et les livres.
   La console est derrière les DVD et les livres.

8 a Où est ta chambre? | Wo ist dein Zimmer? Lege fest, wo sich in deiner Wohnung die folgenden sechs Zimmer befinden und beschrifte sie.

ma chambre — la chambre de mon frère — la chambre de ma sœur — la cuisine — la salle de bains — le salon

________ ________ la chambre de mes parents ________

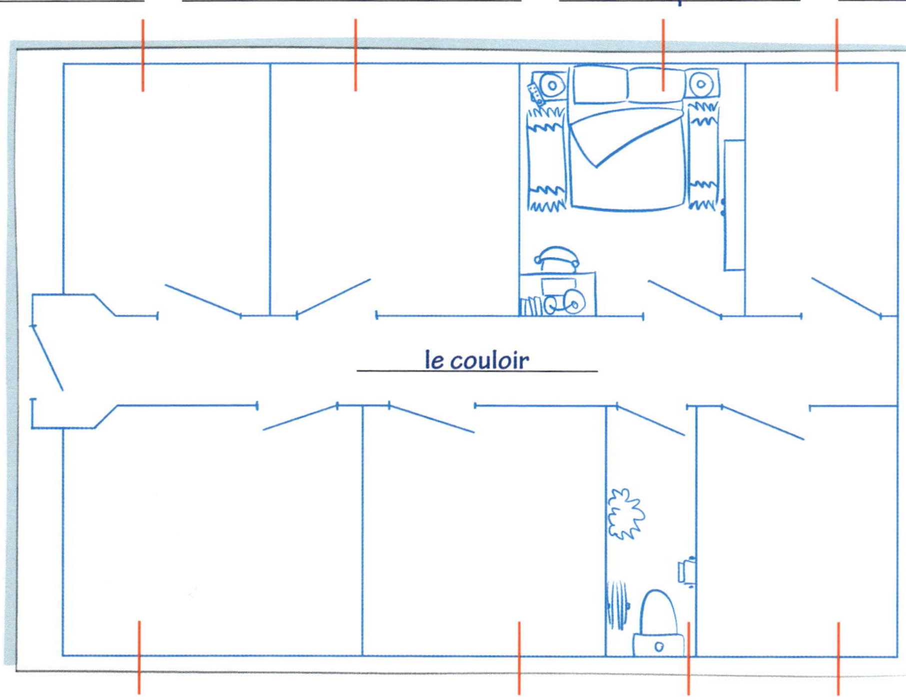

________ ________ les toilettes ________

b **Où est la salle de bains? | Wo ist das Badezimmer? Arbeitet zu zweit. Setzt euch Rücken an Rücken. Findet durch Fragen heraus, wo sich in der Wohnung eures Partners / eurer Partnerin die sechs Zimmer aus a befinden und beschriftet sie.**

entre   à droite du / de la / des   à gauche du / de la / des

Exemple:

La salle de bains est à droite des toilettes?

Oui./ Non.

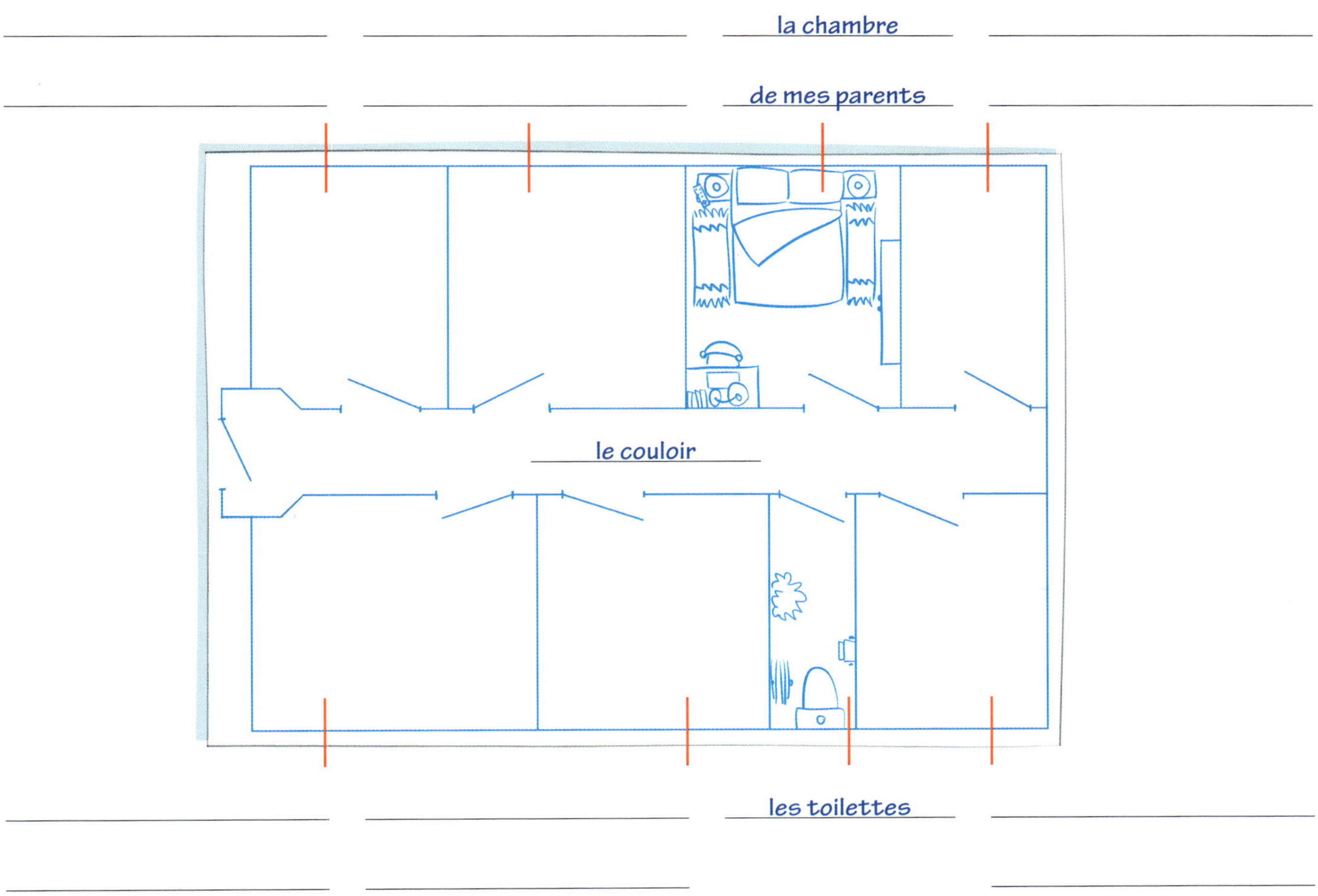

9 Qu'est-ce qu'on dit ? Coche la bonne réponse. | Kreuze die richtige Antwort an.

1. Du meldest dich am Telefon.
   - ☐ Allô, c'est (Léo)/(Léa).
   - ☐ Allô, (Léo)/(Léa).
2. Du findest jemanden total nett.
   - ☐ Nous sommes est super!
   - ☐ Tu es super sympa!
3. Du sagst jemandem, dass er dich nervt.
   - ☐ Tu énerves!
   - ☐ Tu m'énerves!
4. Du wünschst jemandem guten Appetit.
   - ☐ Bon appétit! / Bon app!
   - ☐ Bien appétit! / Bien app!
5. Du forderst jemanden auf, lauter zu sprechen.
   - ☐ Parle fort!
   - ☐ Parle plus fort!
6. Du forderst jemanden auf, sich zu beeilen.
   - ☐ Dépêche!
   - ☐ Dépêche-toi!
7. Du bittest deinen Lehrer, etwas zu wiederholen.
   - ☐ Vous pouvez répéter, s'il vous plaît?
   - ☐ Vous répétez, s'il vous plaît?
8. Du fragst, wie „Frage" auf Französisch heißt.
   - ☐ Comment est-ce qu'on dit «Frage» en français?
   - ☐ Qu'est-ce qu'on dit pour «Frage» en français?
9. Du fragst deinen Lehrer, ob du auf die Toilette gehen darfst.
   - ☐ Je peux aller à la toilette?
   - ☐ Je peux aller aux toilettes?

Unité 1 C'est la fête!

Approches

L 11|1 **1** **Complète.** | **Schau dir die Kalenderblätter in deinem Buch auf S. 10–11 an. Schreibe die Monate in der richtigen Reihenfolge auf.**

1. ______	5. ______	9. ______
2. ______	6. ______	10. ______
3. ______	7. ______	11. ______
4. ______	8. ______	12. ______

4 L 12|3 **2** **Écoute et compare.** | **Hör dir die Zahlen an und vergleiche. Streiche die Zahlen durch, die nicht angesagt werden.**

1 | 2 | 3 | 4 | **5** | 6 | 7 | 8 | 9 | **10** | 11 | 12 | 13 | 14 | **15** | 16 | 17 | 18 | 19 | **20** | 21 | 22 | 23 | 24 | **25** | 26 | 27 | 28 | 29 | **30** | 31

3 **Écris le numéro des pages.** | **Schreibe die Seitenzahlen unten auf den Seiten 3 bis 20 in deinem Carnet in Worten auf.**

5 L 12|5 **4** **Écoute et complète le dialogue.** | **Hör dir den Dialog an. Sprich die fehlenden Wörter zuerst nach. Dann schreibe sie auf.**

c'est le 1er août | est-ce que tu organises une fête | c'est quand, ton anniversaire

Machst du eine Party?

– Thomas, ______________________________?

– ______________________________.

– ______________________________?

– Oui, samedi.

6 L 12|4 **5** **Écoute et coche.** | **Hör zu und kreuze die Daten an, die genannt werden.**

le 24 avril ☐	le 28 janvier ☐	le 23 février ☐	le 25 juin ☐
le 31 août ☐	le 1er juillet ☐	le 30 décembre ☐	le 21 mars ☐

L 13|7 **6** a **Relie.** | Sechs französische Wochentage wurden nach Planeten und dem Mond benannt. Welcher Tag bezieht sich auf welchen Planeten? Verbinde.

lundi mardi mercredi jeudi vendredi samedi

1 **la lune** der Mond

b **Note les jours de la semaine.** | Schreibe die sieben Wochentage in der richtigen Reihenfolge auf.

____

7 c **Écoute et répète.** | Hör dir die Wochentage an, sprich nach und klatsche mit.

L 13|8 **7** a **Stéphane est chez Mehdi.** | Stéphane besucht seinen Freund Mehdi. Dabei lernt er dessen Schwester Anissa kennen und unterhält sich mit ihr. Stelle Fragen mit *est-ce que*. ▶ Repères, p. 21/2

Est-ce que tu	*avoir* *être* *organiser*	en cinquième? une fête? la copine d'Océane? un animal? dans la classe de Thomas?

Est-ce que tu es en cinquième?

Est-ce que

____

____

____

b **Réponds.** | Antworte an Anissas Stelle. Schreibe in dein Heft.

8

Travaillez à deux.
Faites le tandem, p. 67.

Dialogue modèle

8 14|1

1 **Retrouve l'ordre du dialogue.** | **Stelle die Reihenfolge des Dialogs wieder her.**

- [ ] **Océane:** Ah, c'est bête.
- [ ] **Anissa:** Oui, samedi, c'est mon anniversaire.
- [1] **Océane:** Salut! Ça va?
- [ ] **Anissa:** Eh, oui! Qu'est-ce que je fais? Tu as une idée, toi?
- [ ] **Océane:** Oui, peut-être ...
- [ ] **Anissa:** Non, je voudrais organiser une fête. Mais mes parents ne sont pas d'accord. Ils travaillent le week-end.
- [ ] **Océane:** Et alors, c'est super!
- [ ] **Océane:** Qu'est-ce qu'il y a? Tu as un problème?
- [ ] **Anissa:** Bof!

9 14|4

2 **Écoute et complète le dialogue.** | **Hör dir die Dialoge an. Sprich die fehlenden Wörter zuerst nach. Dann schreibe sie auf.**

tes parents sont d'accord · je voudrais organiser une fête · je voudrais un portable · c'est bête · est-ce que tes parents sont d'accord · qu'est-ce que je fais · je voudrais un chat

1. Ich möchte ein Handy haben.

– Pour mon anniversaire, ______________________________. Et toi?

– Moi, pour mon anniversaire, ______________________________.

– Est-ce que ______________________________?

– Non.

– Ah, ______________________________!

2. Ich möchte eine Party organisieren.

– Pour mon anniversaire, ______________________________?

– Super! ______________________________?

– Non. Alors, ______________________________?

3 Qu'est-ce qu'ils disent? | Was sagen sie? Stelle einen sinnvollen Dialog her. Streiche die Wörter und Sätze durch, die nicht passen.

Julien: C'est samedi, ton anniversaire? C'est super! / C'est bête. / D'accord!

Patrick: Je voudrais organiser une fête, mais mes parents ne sont pas d'accord. / Ils habitent à Levallois. / Ils travaillent le samedi.

Julien: Tu as un problème? / Oh, c'est bête. / Tu as une idée?

Patrick: Eh oui! Qu'est-ce que je fais? Tu as une idée, toi? / On rentre ensemble?

Julien: Oui, on passe par le roller parc! / Oui, tu invites qui? / Oui, peut-être.

Patrick: Génial! / Bof! / À plus!

L 15|5 4 Qu'est qu'il voudrait faire? Écris les phrases. | Was würde er gerne tun? Schreibe die Sätze auf. Beginne mit *je voudrais*.

1. Je voudrais manger une pizza.
2. ______
3. ______
4. ______
5. ______

Texte: Exercices

17|1 **1** **C'est bientôt l'anniversaire d'Anissa. | Bald ist Anissas Geburtstag und alle machen sich Gedanken. Lies noch einmal den Text in deinem Buch auf S. 16 und ordne zu, wer diese Sätze sagt.**

Je voudrais inviter mes copains.	1	a	C'est Océane.
On fait un gâteau.	2	b	C'est Anissa.
J'organise une fête-surprise pour Anissa.	3	c	C'est Mehdi.
J'apporte des CD.	4	d	C'est Nicolas.
Je voudrais danser avec Océane.	5	e	C'est Maxime.
Je fais une salade.	6	f	Ce sont Marie et Laurine.

2 a **Des idées pour l'anniversaire d'Anissa. | Ideen für Anissas Geburtstag: Trage die Nomen mit dem unbestimmten Artikel in das Rätsel ein. Die grauen Kästchen bleiben frei.**
17|2

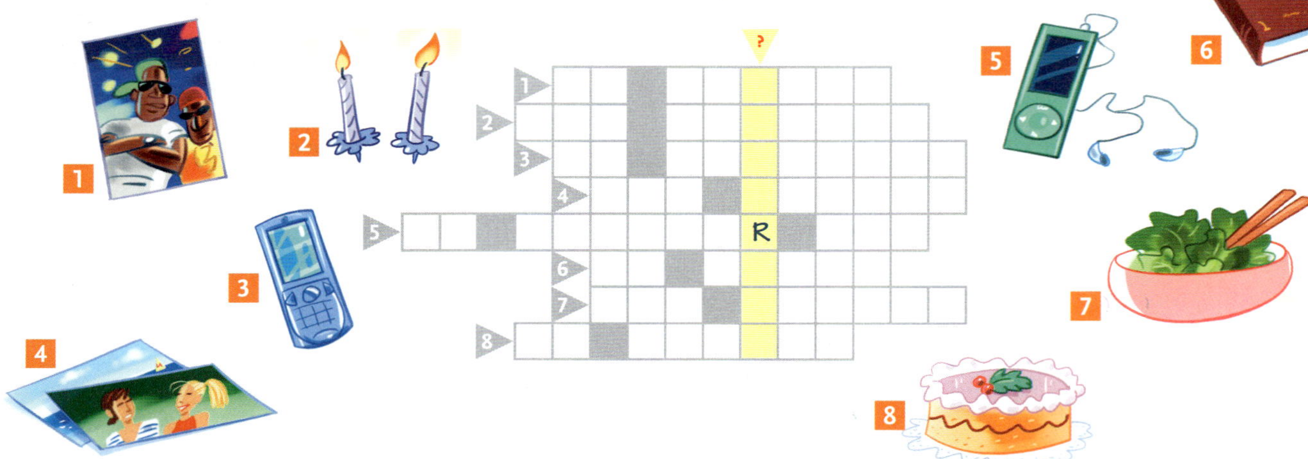

b **Wie lautet das Lösungswort?**

La ________________________________ pour Anissa:

une fête et un cadeau.

3 a **Est-ce que tu peux lire le message d'Océane? Récris le texte. | Kannst du Océanes Nachricht lesen? Schreibe sie in dein Heft.**

J'organise une fête-surprise chez moi, samedi, pour Anissa. Mes parents sont d'accord,
ils ne travaillent pas le week-end. J'invite Anissa et les copains à cinq heures.
Laurine et Marie, vous faites un gâteau? Maxime, tu apportes des CD? Merci, c'est
sympa! Nicolas fait une salade et moi, je fais des pizzas.

b **Trouve le message. | Die farbigen Buchstaben ergeben eine Botschaft. Wie lautet sie?**

J _ _ _ _ _ a _ _ _ _ _ _ _ _ _ _ _ _

4 **Jouez au loto. | Geht auf die Pappseiten A und B eures Carnet und spielt Lotto. Eine Spielanleitung findet ihr auf Seite 80.**

10 · 18|6

5 Écoute et coche. | Kreuze die Sätze an, in denen du eine Verneinung hörst.

▶ Repères, p. 21/3

	1	2	3	4	5	6	7	8

18|6

6 Retrouve les phrases. | Robin hat für Anissas Party Rätselspiele vorbereitet, z. B. diese Satzpuzzles. Puzzle die Sätze zusammen und schreibe sie auf.

▶ Repères, p. 21/3

1. français – ne – Ma – parle – perruche – pas

Ma perruche ne parle pas français.

2. ~~chat~~ – ~~le~~ – ~~et~~ – ne – ~~Le~~ – ~~dansent~~ – ensemble – ~~chien~~ – ~~pas~~

Le chat et le chien ne dansent pas ensemble

3. mange – cochon d'Inde – pas – Mon – sa – ne – tartine

Mon

4. Mes – chambre – pas – tortues – ne – ma – rangent

Mes

11 · 19|8

7 La chanson du verbe *faire*. Complète. | Ergänze die fehlenden Formen.

▶ Les verbes, p. 126

elles font · nous faisons · il fait · je fais · elle fait · vous faites · tu fais

Bonjour Rémy! ______________ mon lit.

Et toi, Marie, ______________ ton lit?

Qu'est-ce qu'______________, Grégoire?

______________, ______________ ses devoirs.

Qu'est-ce qu'______________, Anissa?

Je ne sais pas, elle n'est pas là.

Nous avons un cadeau

et ______________________ un gâteau.

C'est la fête!

Qu'est-ce que ______________________?

Qu'est-ce qu'______________________, Laurine et Jade?

______________, ______________ une salade.

8 **a** Une fête-surprise pour Maxime. Complète. | Maximes Familie bereitet eine Überraschungsparty für Maxime vor. Vervollständige die Sätze mit den Formen von *faire*. ▶ Les verbes, p. 126

19|8

Camille: Ce soir, on __________ la fête!

Laurine: Papa et Théo, qu'est-ce que vous ______________?

Théo: Nous ______________ un gâteau!

Mme Fournier: Et toi, Laurine, qu'est-ce que tu __________?

Laurine: Moi, je __________ une salade!

b Eine Form von *faire* fehlt. Schreibe einen Satz mit dieser Form.

____

19|11 **9** **a** Robin rêve. | Robin hat bald Geburtstag. Er träumt. Schreibe auf, was er sich wünscht. Beginne die Sätze mit *je voudrais*.

1. Je voudrais un lecteur mp3.

____

____

____

____

b Et toi? | Und du? Was wünschst du dir? Schreibe in dein Heft.

Apprendre à apprendre: le vocabulaire | Vokabeln lernen

10 Fertige eine Vokabelübung zur Unité 1 für deinen Nachbarn / deine Nachbarin an: Wähle acht Nomen aus und schreibe die Konsonanten und Vokale getrennt auf ein Blatt. Dein Nachbar / deine Nachbarin findet die Nomen und schreibt sie mit dem bestimmten Artikel auf. Vergleicht gemeinsam.

18|4

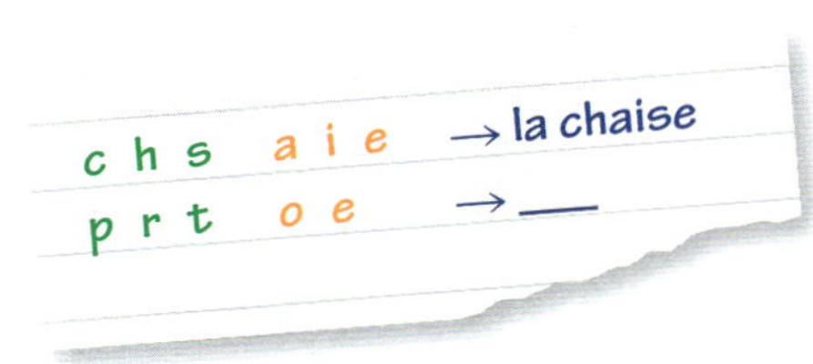

11 a Erkläre einem Freund / einer Freundin, der/die kein Französisch versteht, worum es hier geht.

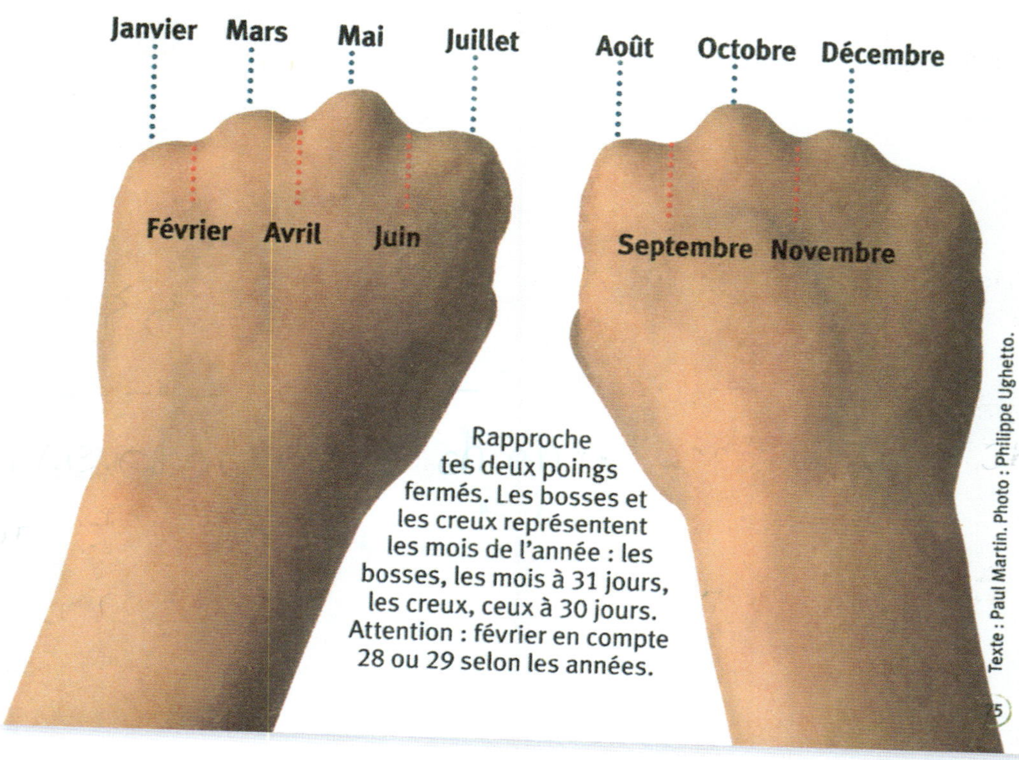
INFO

Trente ou trente et un ?

Certains mois ont 30 jours, d'autres en ont 31. Comment savoir lesquels ?

Rapproche tes deux poings fermés. Les bosses et les creux représentent les mois de l'année : les bosses, les mois à 31 jours, les creux, ceux à 30 jours. Attention : février en compte 28 ou 29 selon les années.

Texte : Paul Martin. Photo : Philippe Ughetto.

b Schreibe je drei passende Monate auf.

31 jours[1]: __________ __________ __________

30 jours: __________ __________ __________

1 **le jour** der Tag

c Schreibe hier alle Wörter auf, die du außerdem verstehst.

____

____

____

____

____

1 **Forme des phrases. | Bilde mindestens je vier Sätze mit den Formen von *faire* und von *être*. Schreibe sie in dein Heft.**

Je Tu Il/Elle/On Nous Vous Ils/Elles	sont, faisons, suis, fait, es, êtes, sommes, fais, faites, fais, font, est	des tartines dans la cour. la fête. une salade. à Paris. en France. chez Océane. un gâteau. derrière la porte d'accord.

2 **a** **Relie. | Verbinde.**

ranger	singen
manger	arbeiten
chanter	nach Hause gehen
chercher	aufräumen
parler	essen
écouter	suchen
rentrer	zuhören
travailler	sprechen

b **Forme au moins cinq phrases avec des verbes de a. | Bilde mindestens fünf Sätze mit Verben von a.**

dans un supermarché   ma chambre   la cuisine   des CD   français   chez moi
des croissants   bien   dans la salle de bains   à Paris   mes clés

12

1 Das Datum

C'est quand ton anniversaire? | Wann haben die Jugendlichen Geburtstag? Hör zu und schreibe die Daten auf.

Qui?	Anne	Nazira	Moussa	Noah
Quand?				

2 Die Frage mit *est-ce que*

Retrouve les questions. | Finde zu den Antworten die passenden Fragen und schreibe sie auf.

1. Laurine / Est-ce que / allemand / parle / ? – Oui, elle parle bien allemand.

– ______________________________

2. 5e A / en / Est-ce que / es / tu / ? – Non, je suis en 6e A.

– ______________________________

3. une / Océane / fête / Est-ce qu' / organise / ? – Oui, c'est une fête-surprise pour Anissa.

– ______________________________

4. invite / elle / garçons / des / Est-ce qu' / ? – Oui, elle invite des filles et des garçons.

– ______________________________

5. Est-ce que / gâteau / faisons / nous / un / ? – Non, nous faisons une salade.

– ______________________________

3 Das Verb *faire*

Complète. | Setze die passenden Formen des Verbs *faire* ein.

1. Robin ____________ ses devoirs.
2. Et vous? Qu'est-ce que vous ____________?
3. Je ____________ aussi mes devoirs.
4. Nous ____________ un gâteau.
5. Les amis ____________ la fête!
6. Marc, tu ____________ une salade?

4 Die Verneinung mit *ne ... pas*

Schreibe immer das Gegenteil auf. Verwende *ne ... pas*.

1. Je fais mes devoirs.
2. Je range ma chambre.
3. Mes profs sont sympa.
4. Je parle français.
5. Mon collège est super.
6. Je travaille avec mon amie.

Moi, je ne ____________________

____

____

____

____

____

____

5 Wie sagst du es auf Französisch?

Trouve la réponse. | In einem Restaurant gerätst du versehentlich in eine Party. Ein Erwachsener hält dich für das Geburtstagskind und spricht dich an. Du reagierst darauf. Trage den Buchstaben der passenden Antwort ein.

1. Du sollst die Kerzen auspusten. Du sagst, dass das nicht möglich ist. ☐
2. Du sollst den Kuchen anschneiden. Du bist nicht einverstanden. ☐
3. Er fragt dich, was du dir wünschst. Du wünschst dir ein Handy. ☐
4. Er fragt dich, wann du Geburtstag hast. Du sagst es ihm. ☐
5. Er fragt, wer denn heute Geburtstag hat. Du weißt es nicht. ☐
6. Das echte Geburtstagskind steht plötzlich vor dir. Du gratulierst ihm. ☐

a Je ne sais pas.

b Joyeux anniversaire!

c Ce n'est pas possible.

d Mon anniversaire, c'est le ________.

e Je voudrais un portable.

f Je ne suis pas d'accord.

Die Lösungen findest du auf S. 75–76.

MODULE A Fêtes et traditions en France

28|1 **1 a** **Retrouve le nom des douze fêtes et traditions.** | **Finde die Namen der zwölf Feste wieder und schreibe sie auf.**

M	L	A	F	Ê	T	E	D	E	S	R	O	I	S	E	N	S
S	I	L	L	A	C	H	A	N	D	E	L	E	U	R	S	P
L	E	C	A	R	N	A	V	A	L	D	E	N	I	C	E	Â
C	E	L	E	P	R	E	M	I	E	R	A	V	R	I	L	Q
J	H	E	L	L	O	W	E	E	N	U	E	S	M	E	I	U
L	A	F	Ê	T	E	D	U	T	R	A	V	A	I	L	L	E
F	I	L	A	F	Ê	T	E	D	E	S	M	È	R	E	S	S
L	A	F	Ê	T	E	D	E	L	A	M	U	S	I	Q	U	E
N	T	L	A	F	Ê	T	E	N	A	T	I	O	N	A	L	E
O	L	E	T	O	U	R	D	E	F	R	A	N	C	E	U	T
Ë	U	N	C	E	L	M	U	E	O	X	E	N	I	C	E	X
L	K	N	I	F	E	O	U	L	Y	E	A	R	B	A	N	G

1. la fête des Rois
2. ______________________
3. ______________________
4. ______________________
5. ______________________
6. ______________________
7. ______________________
8. ______________________
9. ______________________
10. ______________________
11. ______________________
12. ______________________

b **Écris le nom des fêtes et des traditions.** | **Schreibe die passenden Namen der Feste unten auf.**

1. la Fête de la musique
2. ______________________
3. ______________________
4. ______________________
5. ______________________
6. ______________________
7. ______________________
8. ______________________
9. ______________________
10. ______________________

Unité 2 Mes hobbys

Approches

▶ 31|2 **1** a **Voilà leurs hobbys!** | Das sind ihre Hobbys: Was machen Laurine, Maxime und die anderen gern, was nicht? Schau in deinem Buch auf S. 30–31 nach und vervollständige die Tabelle.

	Océane	Anissa	Mehdi	Robin
aime		le sport,	le rap	le skate
adore			le rap	le foot
n'aime pas			le musique de Soha	

	Nicolas	Marie	Maxime	Laurine
aime		chanter	VTT	
adore	les spaghettis	dessiner		[illegible] Photo
n'aime pas				ranger le chambre

b Vergleiche deine Tabelle mit der Tabelle deines Nachbarn / deiner Nachbarin. Korrigiert euch gegenseitig.

13 ▶ 33|6 **2** a **Maxime aime le VTT!** | Maxime hat ein Gedicht über Hobbys geschrieben. Hör zu und lies das Gedicht mit.

J'aime le VTT.
Et toi, Timothée?
Moi? J'adore la photo.
Et toi, Bruno?
Moi? Je n'aime pas ranger ma chambre.
Et toi, Ambre?

b Finde Namen, die sich auf die Hobbys reimen. Schreibe das Gedicht weiter.

Aline Léo Fleur
Victor Zoé Yannick
Babette Idriss

le tennis le sport faire la cuisine
surfer sur Internet regarder la télé les animaux
la musique les ordinateurs ___

J'aime ______________________.	Et toi, ______________________?
Et toi, ______________________?	Moi? Je n'aime pas ______________________.
Moi? J'adore ______________________.	Et toi, ______________________?

3 **a** Qu'est-ce qu'ils aiment? | Diese Jugendlichen haben ihre Hobbys auf ihre T-Shirts gemalt. Schreibe auf, was sie mögen, was sie sehr mögen und was sie nicht mögen.

L 33|6

♥ = il/elle aime ♥♥ = il/elle adore ♥̸ = il/elle n'aime pas

1. Il aime la nature et adore le VTT.
2. ______________________
3. ______________________
4. ______________________
5. ______________________

PF **b** À toi! | Male ein T-Shirt mit deinen Hobbys auf.

4 Le blog de Bastien. | Bastien aus Lyon stellt sich im Blog seiner Schule vor. Erkläre einem Freund / einer Freundin, der/die kein Französisch versteht, was er von sich erzählt.

www.leblogdescopains.fr

Le blog des copains: **Moi, Bastien**

Mes parents ont une librairie. Ils adorent les livres. Mais moi, je n'aime pas les livres. J'aime le basket, le tennis mais je n'aime pas le foot. J'aime les animaux aussi. J'ai un chien, il s'appelle Babouche. J'adore les ordinateurs et surfer sur Internet. Je suis toujours devant mon ordinateur!

Dialogue modèle

14 34|1 **1** **a** **Écoute le dialogue et souligne les erreurs. | Hör dir das Gespräch an und unterstreiche die Fehler.**

Nicolas: Allô, Marie, c'est Nicolas. Tu as l'adresse de Robin?

Marie: Oui. Écoute, c'est le zéro un, trente-neuf, cinquante-cinq, soixante-seize, quatre-vingt-dix-huit.

Nicolas: J'écoute. Zéro un, trente-neuf, quarante-six, soixante-sept, quatre-vingt-dix-huit.

Marie: Oui, c'est bien.

Nicolas: Merci, à plus!

b **Écoute le dialogue encore une fois et corrige-le. | Hör dir den Text noch einmal an und korrigiere die Fehler von a.**

____

____

____

____

____

____

34|2 **2** **Écris les nombres. | Trage die Zahlen ein.**

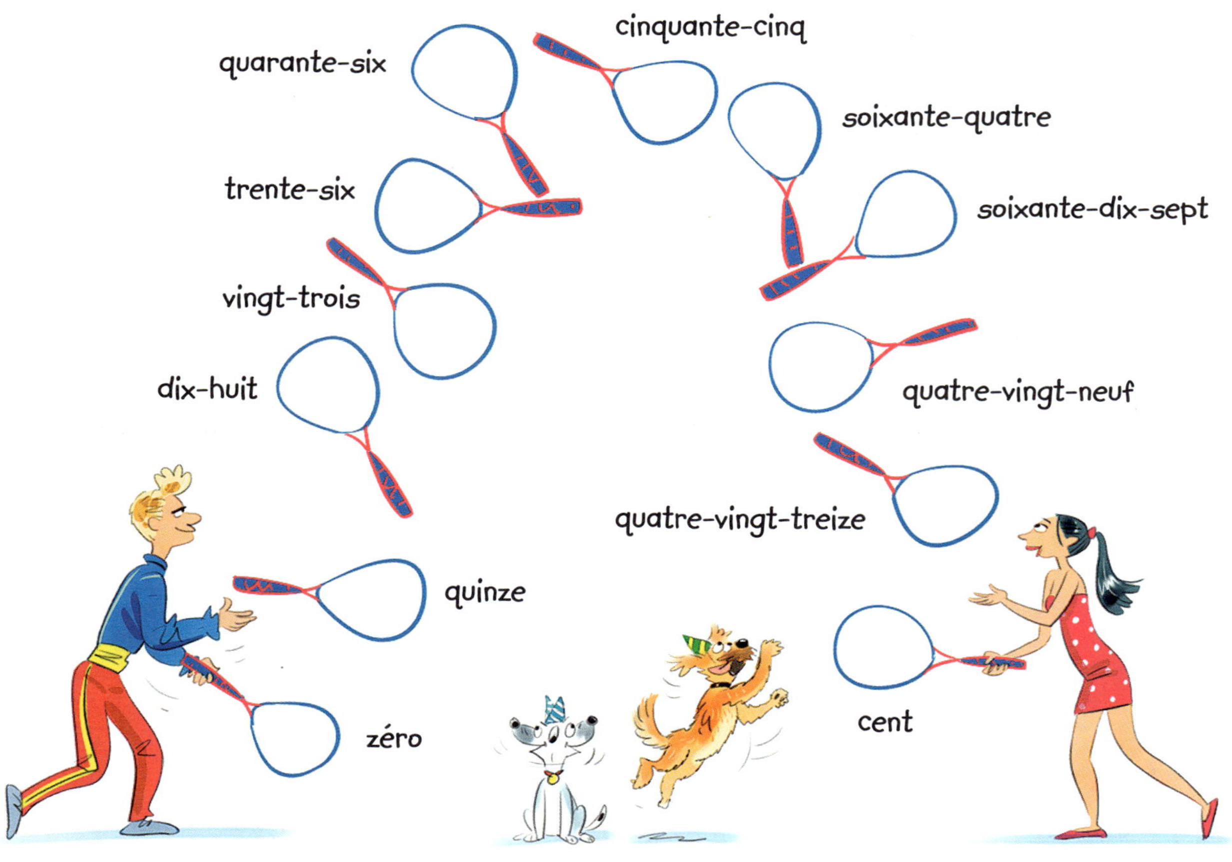

3 Écris le numéro des pages. | Schreibe die Seitenzahlen unten auf den Seiten 21 bis 40 in deinem Carnet in Worten auf.

4 Ça fait combien? | Kannst du das ausrechnen? Schreibe jedes Ergebnis als Zahl und als Wort.

1. 14 + 33 = ______________________________
2. 17 + 65 = ______________________________
3. 98 – 26 = ______________________________
4. 100 – 64 = ______________________________
5. 18 + 16 – 20 = ______________________________
6. 90 + 7 – 70 = ______________________________
7. 100 : 2 = ______________________________

15 | 34|3

5 a Jouez au Bingo! | Bingo! Hör dir die Zahlen an und kreise diejenigen ein, die angesagt werden.
Welche Zahlen bilden eine Dreierreihe?

____

(61)	78	91
52	74	87
82	66	99

b Jouez au bingo. | Spielt zu zweit Bingo. Trage in deinen Bingoschein neun Zahlen zwischen 60 und 100 ein. Dein Nachbar / deine Nachbarin nennt Zahlen zwischen 60 und 100 in beliebiger Reihenfolge. Hast du eine Dreierreihe? ▶ Les nombres, p. 125

16 | 35|2

6 Écoute et complète le dialogue. | Hör dir den Dialog an. Sprich die fehlenden Wörter zuerst nach. Dann schreibe sie auf.

tu vas au stade | à quelle heure | à quatre heures

Gehst du ins Stadion?

– Salut, Léo! ______________________________?

– Oui.

– Super! Moi aussi. ______________________________?

– ______________________________.

35|3 **7** Apprends ce poème. | Lerne dieses Gedicht.

Emma,
tu vas au cinéma?
Marc,
tu vas au roller parc?
Laurine,
tu vas à la piscine?
Morad,
tu vas au stade?
Tarek,
tu vas à la médiathèque?
Oui, bien sûr,
Arthur!
Moi aussi,
Lucie!
Tu passes d'abord chez moi,
Benoît.
Oui, d'accord,
Igor!
À quelle heure?
À deux heures?
Oui, ça va,
Mareva!

35|3 **8** Il y a des taches sur le message de Lilli. Trouve les mots. | Es hat geregnet. Lillis Nachricht ist verwischt. Findest du trotzdem heraus, was dort steht?

d'accord À plus!
à cinq heures d'abord
Salut! après
Aujourd'hui à sept heures

, je vais[1] à la piscine .

Mais , je passe à la médiathèque et , je passe chez

Mathilde. Je rentre , ?

Lilli

1 **je vais** ich gehe

37|1 **1** **a** **Vrai ou faux? | Schau in deinem Buch auf S. 36 nach und kreuze an, ob die folgenden Aussagen richtig oder falsch sind.**

	vrai	faux
1. Mercredi après-midi, Robin ne va pas à l'école.	☐	☐
2. Robin va au club de foot.	☐	☒
3. Nicolas prépare un exposé.	☐	☐
4. Robin et Nicolas vont à la médiathèque à trois heures.	☐	☐
5. Ils regardent les photos d'un stage de quad et tennis.	☐	☐
6. C'est un stage pour les 11 à 14 ans.	☐	☐
7. Les copains n'ont pas le temps en juillet.	☐	☐
8. Robin et Nicolas n'ont pas encore 14 ans.	☐	☐

b **Berichtige die falschen Aussagen von a.**

2. Robin va à la médiathèque.

____

____

____

c **Vergleiche deine Ergebnisse mit denen deines Nachbarn / deiner Nachbarin.**

37|1 **2** **Qu'est-ce qu'on dit en français? | Lies den Text in deinem Buch auf S. 36. Finde heraus, wie man es auf Französisch sagt.**

1. Was machst du heute?
____
2. Ich suche nach Ideen für meinen Vortrag.
____
____
3. Ein Kurs für 14- bis 16-Jährige.
____
____
4. Nicht schlecht, ich liebe Quad fahren!
____
5. Wann ist das?
____
6. Ich habe Zeit.
____
7. Ich bin noch nicht 14.
____
8. Na und?
____
9. Ich habe eine Frage.
____

38|5 **3** **Où est-ce qu'ils vont? | Die Freunde unterhalten sich darüber, was sie am Wochenende vorhaben. Was passt zusammen? Verbinde.**
▶ Repères, p. 41/3

Emma va aux	1	a	fête d'Océane.
Jules va au	2	b	école.
Luc et Alex vont à la	3	c	Deux-Alpes.
Joan ne va pas à l'	4	d	stade.

4 ▶ 38|4

Travaillez à deux.
Faites le tandem, p. 68.

5 ▶ 38|6

a **Vervollständige die Tabelle mit den Formen der Verben.** ▶ Les verbes, p. 126

	je/j'	tu	il/elle/on	nous	vous	ils/elles
aimer						*aiment*
dessiner		*dessines*				
aller	*vais*					

Aller ist ein unregelmäßiges Verb.

b **Complète.** | **Du kennst schon die unregelmäßigen Verben** ***aller, être, avoir*** **und** ***faire*****. Vervollständige mit den passenden Verbformen.**

Ils/Elles ______________________ quinze ans.

Ils/Elles ______________________ sympa.

Ils/Elles ______________________ au cinéma.

Ils/Elles ______________________ la fête. Et toi?

c **Vergleiche die Formen mit deinem Nachbarn / deiner Nachbarin. Was fällt euch auf?**

____

6

Tu passes chez moi? Complète le dialogue. | **Paul verabredet sich mit seinem Freund Sami in einer geheimen Sprache. Entziffere den Chat und schreibe ihn in dein Heft.**

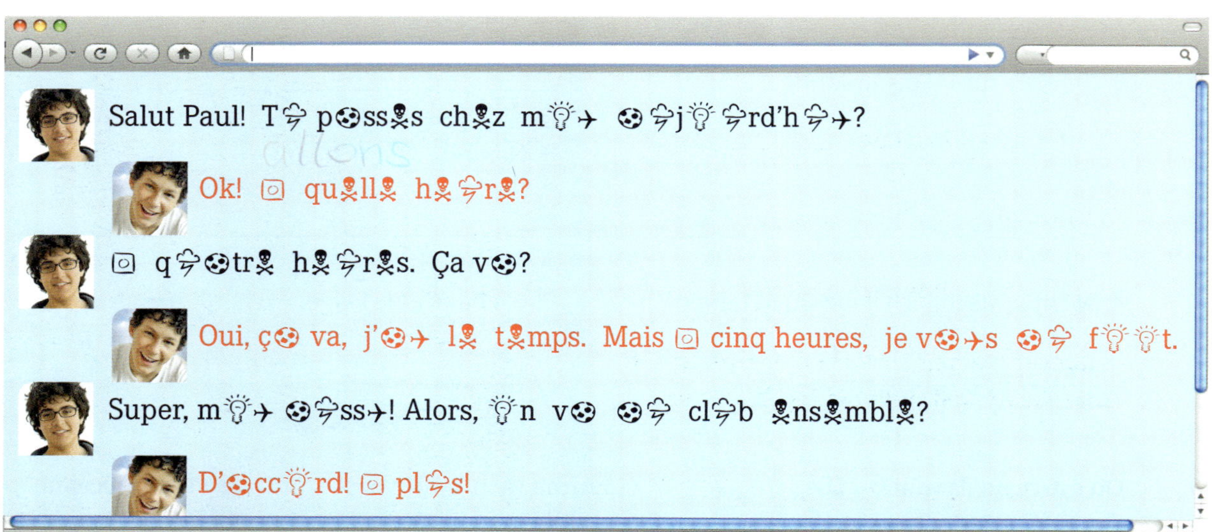

Apprendre à apprendre: écouter | Hörverstehen trainieren

7 ▶ 39|7

a **Tu as le temps ce soir? Retrouve l'ordre des phrases.** | **Yael will sich nach der Schule mit Vincent und Laura verabreden. Ob daraus etwas wird? Bringe die Sätze in die richtige Reihenfolge.**

a – Non, je vais au stade ce soir.	d – Vincent, tu as le temps ce soir?
b – Et toi, Laura? Tu passes chez moi?	☐ ______
c – Et moi, alors? Qu'est-ce que je fais?	☐ ______
d – Vincent, tu as le temps ce soir?	☐ ______
e – Ce n'est pas possible! Je vais au cinéma avec Li.	☐ ______

17

b **Hör dir den Dialog an und überprüfe deine Lösung.**

8 18 ▶ 42|5

a **C'est mon stage!** | **In einer Radiosendung werden Ferienkurse vorgestellt. Hör zu und schreibe in die Tabelle, welche Kurse angeboten werden.**

stage			
numéro de téléphone			

b **Hör noch einmal zu und schreibe die Telefonnummern auf, unter denen du dich anmelden kannst.**

Die Telefonnummern in Levallois beginnen alle mit 01.

La France en direct

9

a **Schau dir die Reportage an. Schreibe auf, wie viel Prozent der Jugendlichen in Frankreich:**

1. ein Handy besitzen: ______
2. Fotos damit machen: ______
3. Filme damit machen: ______
4. SMS versenden: ______

b **Et dans ta classe?** | **Macht eine Umfrage in eurer Klasse und stellt die Ergebnisse vor.**

> Est-ce que tu as un portable?
> Tu fais des vidéos avec ton portable?
> Est-ce que tu chattes avec tes copains?
> Tu surfes sur Internet? ___

* % = pour cent

Réviser *facultatif*

1 a Voilà Jamel et Véro. | **Jamel und Véro stellen sich vor. Entschlüssele die Nachrichten und schreibe sie in dein Heft auf. Denke daran, die Verben zu konjugieren.**

Bonjour! Je m'appelle Jamel.

P|F **b À toi!** | **Stelle dich in einer verschlüsselten Nachricht vor.**

2 Complète. | **Ergänze die Lücken. Verwende** *aller* **und** *au, à la, à l'* **und** *aux*.

1. Les copains vont aux supermarché.
2. Demain je vais l' école.
3. Véronique et Dounia vont ______ toilettes.
4. Non, elle ne ______ pas ______ marché, elle ______ ______ médiathèque.
5. Aujourd'hui, nous allons ______ stage de quad.
6. Est-ce que tu ______ ______ club de tennis samedi?
7. En juillet, il ______ ______ Deux-Alpes.
8. Vous n' ______ pas ______ librairie?

3 Jouez au loto. | **Geht auf die Pappseiten A und B eures Carnet und spielt Lotto. Eine Spielanleitung findet ihr auf Seite 80.**

1 Wortschatz

a Qu'est-ce qu'ils aiment? | Schreibe auf, was die Jugendlichen mögen.

Bruno aime ______________________________

____

Élisa aime ______________________________

____

b Bringe die Wörter in die richtige Reihenfolge und schreibe die Sätze.

1. animaux. – Ma – adore – les – sœur
2. la – aime – mes – avec – copains. – J' – regarder – télé
3. aime – Mon – le – pas – tennis. – frère – n'
4. les – pas – On – aime – n' – spaghettis.

____

____

____

____

2 Die Zahlen bis 100

19

Écoute et relie. | Hör dir die Gespräche an. Welche Nummer gehört zu welchem Bild? Verbinde.

1

2

3

4

a 01.47.55.65.79

b 01.59.64.85.76

c 01.78.74.95.33

d 01.66.54.85.90

3 Das Verb *aller* und der zusammengezogene Artikel mit der Präposition *à*

Ils vont où? | Nach der Schule sagen alle, wohin sie gehen. Ergänze die Lücken. Verwende *aller* und *au*, *à la*, *à l'* und *aux*.

4 Wie sagst du es auf Französisch?

Écris les mini-dialogues. | Schreibe die Mini-Dialoge.

1. – Ich mag Sport und Musik. ___
   – Ich auch! ___
2. – Ich singe nicht gern. ___
   – Ich auch nicht! ___
3. – Gehen wir ins Kino? ___
   – Um wie viel Uhr? ___
   – Um 4 Uhr. ___
   – Einverstanden. Bis bald! ___

Die Lösungen findest du auf S. 76–77.

MODULE B La famille de Mamimo

▶ 51|2 **1** **a** **Présente la famille d'Anissa. | Stelle Anissas Familie vor. Verwende die Wortliste in deinem Buch, S. 137.**

Voilà Anissa. Elle a un frère, Mehdi. Son anniversaire c'est le 21 mars.

____

____

____

____

____

____

____

b Tu as un nouveau corrès[1] en France. Présente-lui ta famille dans un mail. | Du hast einen neuen französischen Brieffreund. Stelle ihm in einer E-Mail deine Familie vor. Schreibe in dein Heft.

1 **le/la corrès** [ləkoʀɛs] der Brieffreund / die Brieffreundin

PRÉPARATION AU DELF

Compréhension écrite | Leseverstehen

1 **Dein Freund, der kein Französisch kann, möchte an diesem Preisausschreiben teilnehmen. Beantworte seine Fragen:**

CONCOURS

Joue[1] et gagne[2] des mangas

Les mangas pour filles s'appellent:
1 shônen 2 shogun 3 shojo

Si tu es un fan de manga, et de Naruto en particulier, ces livres et ces DVD sont pour toi.
- **51 DVD de 220 épisodes de la série Naruto Animé.**
- **57 livres Naruto, parus aux Éditions Kana.**

Pour gagner un DVD ou un livre, réponds vite à cette question, sur carte postale, avant le 15 janvier 2013, le cachet de La Poste faisant foi. Les gagnants seront tirés au sort parmi les bonnes réponses.

RÉPONSE AU P'TIT JEU-CONCOURS DE NOVEMBRE: un wagon.

1 jouer spielen **2 gagner qc** etw. gewinnen

1. Welche Frage muss man beantworten?

____

2. Was kann man gewinnen?

____

3. Bis wann muss man die Antworten einsenden?

____

4. Wohin muss man seine Antwort schicken?

____

Production écrite | Schriftlicher Ausdruck

2 DELF **Laurine hat in den Ferien viel vor. Schreibe auf, was sie für die letzte Augustwoche plant. Gib jeweils das Datum an.**

22 août lundi	23 août mardi	24 août mercredi	25 août jeudi	26 août vendredi	27 août samedi	28 août dimanche
 avec Anissa	 avec Anissa				 Deux-Alpes	

1. Le 22 août, Laurine va au roller parc avec Anissa.

Compréhension orale | Hörverstehen

20 DELF

3 Qui aime quoi? | Wer mag was? Hör dir an, was die Jugendlichen sagen. Verbinde die Fotos mit dem passenden Namen. Ein Foto bleibt übrig.

Paul

Lucie

Kemal

Marion

Production orale | Mündlicher Ausdruck

DELF

4 a **Farid hat ein Preisausschreiben gewonnen und wird interviewt. Arbeitet zu zweit. Bereitet den Dialog vor.**

Der Journalist fragt,
- wie er heißt;
- ob er Geschwister hat;
- wie alt er ist;
- wo er wohnt;
- was er mag;
- was er nicht mag.

Farid antwortet,
- dass er Farid heißt;
- dass er zwei Brüder und eine Schwester hat;
- dass er dreizehn Jahre alt ist;
- dass er in Levallois wohnt. Es liegt bei Paris;
- dass er Musik, Kino und Fotografie mag;
- dass er Computer nicht mag.

b **Du hast gewonnen und wirst interviewt. Bereitet das Gespräch vor und spielt es zu zweit.**

Planète collège

Approches

52|1 **1** Au collège Jean Jaurès. | Kennst du dich im Collège Jean Jaurès aus? Wohin gehören diese Gegenstände? Schreibe die Orte mit dem Artikel *le*, *la*, *les* auf. Es gibt mehrere Möglichkeiten.

1. la salle de permanence

____

____

____

2 **a** Il est quelle heure? | Wie spät ist es? Schreibe die Nummer der Uhr zu der passenden Uhrzeit.

54|5

- Il est midi dix. ☐
- Il est onze heures et quart. ☐
- Il est huit heures moins le quart. ☐
- Il est six heures moins vingt. ☐
- Il est cinq heures et demie. ☐

21 **b** Écoute et répète. | Hör zu und sprich nach.

3 Il est quelle heure? | Wie spät ist es? Touristen fragen nach der Uhrzeit und verstehen die Antwort nicht. Du hilfst ihnen. Vervollständige die Tabelle.

54|6

Es ist ...		Il est ...
		*cinq heures et quart*
zwanzig nach drei		
halb acht	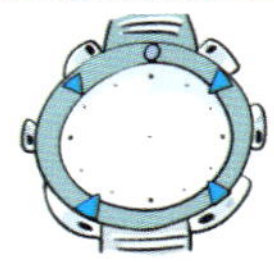	
		*midi dix*

4 a La journée de Thomas. | Thomas' Tagesablauf: Hör zu und notiere zu jedem Bild die Uhrzeit.

22

55|9

1 

2 

3 

4 

5 

6 

b Was macht Thomas wann? Schreibe zu jedem Bild zwei Sätze.

arriver au collège *manger* à la cantine *préparer* un exposé au CDI
avoir sport *avoir* français *rentrer* avec Océane

1. *Il est huit heures moins le quart. Thomas arrive au collège.*
2. ______
3. ______
4. ______
5. ______
6. ______

Dialogue modèle

L 57|3 **1** Retrouve les matières. | Finde die Schulfächer und fülle das Kreuzworträtsel aus.

1

2
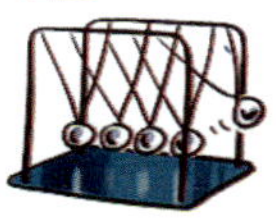

3

4

5

6

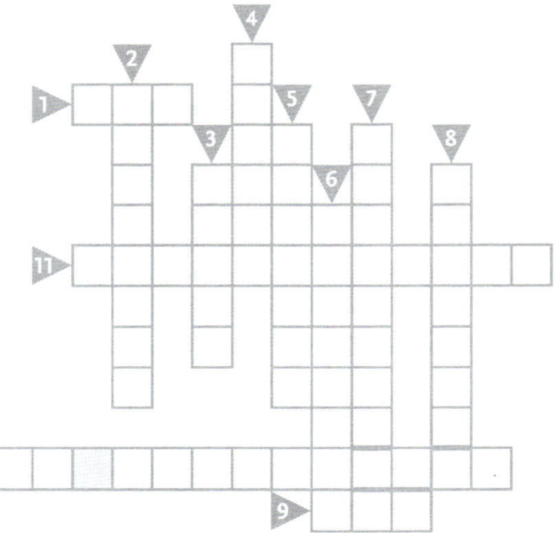

7

8

9

10

11

L 57|5 **2** a Note l'emploi du temps de Maxime. | Trage Maximes Stundenplan ein.

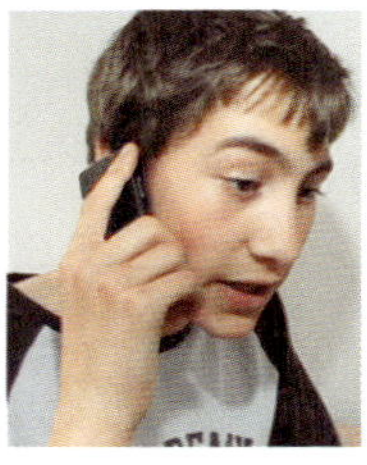

Moi, j'ai une heure de maths, le jeudi après-midi à quatre heures cinq. Et aussi deux heures le vendredi, de dix heures et demie à midi vingt. Le lundi, j'ai SVT à huit heures et quart. Lundi après-midi, ça va, j'ai deux heures d'EPS de deux heures à quatre heures moins dix. Et le mercredi, c'est nickel! D'abord j'ai allemand, SVT et anglais. Et après, de onze heures vingt-cinq à midi vingt j'ai techno. J'adore!

	LUNDI	MARDI	MERCREDI	JEUDI	VENDREDI
8h15 à 9h10					
9h10 à 10h05					
10h30 à 11h25					
11h25 à 12h20					
Cantine					
14h00 à 14h55					
14h55 à 15h50					
16h05 à 17h00					

b Complète l'emploi du temps de Maxime. | Geh auf Seite 56 in deinem Buch und überprüfe die Lösung. Ergänze die übrigen Stunden in Maximes Stundenplan.

c Qu'est-ce que tu aimes? | Markiere die Fächer, die du gern hast.

3 a Mon emploi du temps de rêve. | Entwerft euren Traumstundenplan.

	LUNDI	MARDI	MERCREDI	JEUDI	VENDREDI
8 h à 9 h	matière: prof:	matière: prof:	matière: prof:	matière: prof:	matière: prof:
9 h à 10 h	matière: prof:	matière: prof:	matière: prof:	matière: prof:	matière: prof:
10 h à 11 h	matière: prof:	matière: prof:	matière: prof:	matière: prof:	matière: prof:
11 h à 12 h	matière: prof:	matière: prof:	matière: prof:	matière: prof:	matière: prof:
13 h à 14 h	matière: prof:	matière: prof:	matière: prof:	matière: prof:	matière: prof:
14 h à 16 h	matière: prof:	matière: prof:	matière: prof:	matière: prof:	matière: prof:

b Parlez de vos emplois du temps à deux. | Arbeitet zu zweit. Sprecht über eure Stundenpläne. Ihr könnt die vorgegeben Sätze verwenden.

L 57|5

Exemple:

Le lundi, j'ai trois heures de musique avec Monsieur Lippel. C'est génial!

C'est la cata! Je déteste la musique. Moi, le lundi j'ai quatre heures d'EPS. Ça, c'est super!

C'est nul!
C'est la cata!
C'est nickel!
C'est super!
C'est génial!
Quelle chance!

Moi, le (lundi), j'ai (maths) de (huit) à (dix)!
Moi, je n'ai pas cours le (lundi) matin!
Ton emploi du temps, c'est l'horreur!
Je déteste (les maths).

Le (lundi), j'ai (deux) heures de (français).
Je n'ai pas cours le (mardi) après-midi!
Mon emploi du temps est super!
J'adore (la physique).

Texte: Exercices

59|1 **1** Ce n'est pas son jour! | Marie hat heute einen bewegten Tag im Collège. Lies den Text in deinem Buch auf S. 58 noch einmal. Ordne zu, was zusammen gehört. Manchmal gibt es zwei Zuordnungen.

1 en cours de maths **2** à la cantine **3** en cours d'histoire-géo **4** dans le gymnase **5** chez le CPE

a un atlas **b** 20 sur 20 **c** des spaghettis **d** une interro-surprise **e** un sac de sport **f** un mot d'excuse **g** corriger les fautes

1. b ______ 2. ______ 3. ______ 4. ______ 5. ______

2 **a** Retrouve les verbes. | Finde im Buchstabensalat die zehn Verben wieder. Schreibe sie auf.
59|3

iravo cehrcehr refai
nerter rocriger otren
etêr itusiler grenam
rivarer

______

______

______

______

b Schreibe die Verben von **a** mit den passenden Nomen auf. Es gibt mehrere Möglichkeiten.

cours les fautes en retard une interro dans la salle de classe les réponses à la maison une feuille dans le gymnase au collège à huit heures un atlas à la cantine

avoir cours, ______

______

______

______

______

______

______

______

______

3

Travaillez à deux.
Faites le tandem, p. 69.

60|5 4 Les correspondants visitent le collège. | Die Austauschschüler aus Deutschland schauen sich das Collège Jean Jaurès an. Vervollständige die Sätze. Verwende die Possessivbegleiter *votre* oder *vos*.

▶ Repères, p. 63/2

Ils sont dans ___________ classe?

Ce sont ___________ interros?

C'est ___________ prof de maths?

___________ CDI est super!

___________ copains sont sympa!

60|5 5 Complétez le texte. | Übersetzt die vorgegebenen Satzteile und vervollständigt den Lückentext.

um acht Uhr | unsere Hausaufgaben | zwei Stunden Mathe | um wieviel Uhr | unser Lehrer | eine Stunde Englisch | (er/sie/es) ist furchtbar | unseren Lehrer | mit unseren Freunden

Notre emploi du temps, ______________________! Le lundi, nous avons cours ______________________. D'abord, on a ______________________ avec monsieur Michel. Mais on aime bien ______________________. On écoute bien et on fait toujours ______________________. Après, on a deux heures de français. ______________________ n'est pas très sympa. À midi, on mange à la cantine ______________________. L'après-midi, nous avons encore trois heures de cours: ______________________ et deux heures d'histoire-géo. Et vous, vous avez cours ______________________, le lundi?

65|6 6 Voilà les photos de Tim. | Tim, einer der deutschen Austauschschüler, zeigt die Fotos, die er im Collège Jean Jaurès gemacht hat. Vervollständige die Sätze. Verwende den Possessivbegleiter *leur* oder *leurs*.

▶ Repères, p. 63/2

1

2

3

1. Voilà Maxime et Thomas devant ___________ collège.
2. Et voilà ___________ copains.
3. Les élèves adorent ___________ prof d'anglais[1].

1 **anglais** Englisch das Fach

4. Ils font ___________

devoirs au CDI.

5. Elles préparent ___________

exposé ensemble.

4

5

7 Écoute et complète le dialogue. | Hör dir den Dialog an. Sprich die fehlenden Wörter zuerst nach. Dann schreibe sie auf.

23

parce que je vais au CDI | je ne peux pas | pourquoi est-ce que tu ne peux pas

Gehst du in die Kantine?

– Tu vas à la cantine?

– Non, ____.

– Et ____?

– ____.

8 a Reconstitue les mini-dialogues. | Stelle die Mini-Dialoge wieder her. Verbinde die passenden Fragen und Antworten.

1 Pourquoi est-ce que tu es en retard?

2 Pourquoi est-ce que tu ne travailles pas?

3 Pourquoi est-ce que tu ne manges pas ça?

4 Pourquoi est-ce que tu ne fais pas l'interro?

5 Pourquoi est-ce que tu n'es pas en cours?

6 Pourquoi est-ce que tu n'aimes pas le mardi?

a Parce que je ne sais pas le vocabulaire.

b Parce que je rêve!

c Parce que j'ai huit heures de cours.

d Parce que je déteste les spaghettis!

e Parce que je n'ai pas ma montre.

f Parce que je cherche mon sac

b À toi! Écris encore trois mini-questions comme dans a. | Schreibe noch drei weitere Fragen wie in a auf. Dann tauscht eure Fragen aus und beantwortet sie.

9 a 60|6 64|1

Lundi ou le lundi? | Lies die Sätze und kreuze an, ob es einmalig (am Montag) oder regelmäßig (montags) stattfindet.

	einmalig	regelmäßig
1. Freitags haben wir Unterricht um neun.	☐	☒
2. Am Dienstag hat sie Geburtstag.	☐	☐
3. Was machen wir mittwochs?	☐	☐
4. Dienstags isst sie immer in der Kantine.	☐	☐
5. Gehen wir am Mittwoch Nachmittag ins Kino?	☐	☐

b Setze *le* nur dort vor dem Wochentag ein, wo es fehlt.

1. Elle mange toujours à la cantine, ________ mardi.
2. Est-ce qu'on va au cinéma, ________ mercredi après-midi?
3. ________ mardi, c'est son anniversaire.
4. Qu'est-ce-qu'on fait, ________ mercredi?
5. ________ vendredi, on a cours à 9 heures.

10 a 61|7 64|3

Complète. | Löse das Kreuzworträtsel mit den Formen von *pouvoir*.
▶ Les verbes, p. 126

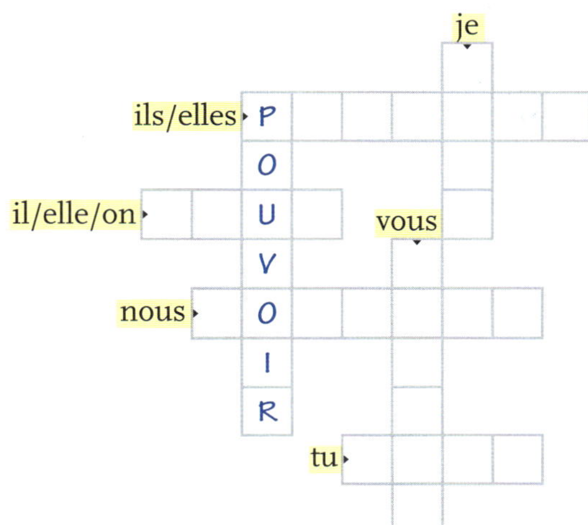

b 64|4

Qu'est-ce qu'ils peuvent faire? Qu'est-ce qu'ils ne peuvent pas faire? | Was können sie machen? Was können sie nicht machen? Vervollständige die Sätze mit den Formen von *pouvoir*.

1. Tu ____peux____ faire l'exposé avec moi?
2. On ne ________________ pas utiliser notre atlas.
3. Ils ne ________________ pas manger.

4. Nous ne ________________ pas entrer!
5. Vous ne ________________ pas surfer aujourd'hui.
6. Je ne ________________ pas chanter!

▶ 61|8 **11** La journée de Rafael. | Dieser Text, den Rafael über seinen Schultag geschrieben hat, enthält sieben Fehler. Korrigiere sie in deinem Heft. ▶ Méthodes, p. 120

Le jeudi, au collège, c'est mon jour! D'abord, j'ai le cours à 10 heures. Pas mal, non? À 11 heures, j'ai francais. Nos prof, Madame Doussin, est super. Elle n'aime pas les interros-surprises! À midi, il a souvent des spaghettis au cantine. Miam! À 2 heures, on avons EPS. Ça va. Et à 4 heures, on a histoire-géo avec Madame Caron. J'adore l'histoire-géo! On peux utiliser les ordinateurs.

La France en direct

12 a Lies den Comic und beantworte die Fragen. ▶ Livre, p. 58

Une bonne moyenne

Élève: *Benoît Marchand* – **Classe:** *5B*

Matières	Notes – Appréciation
maths	

1 m'a souri hat mich angelächelt **2 mouais ... peux mieux faire** das kann man besser machen

1. Trage die Fächer und die Noten von Benoît in sein Zeugnis ein.
2. Welches Fach ist wohl mit *Sciences nat* gemeint?
3. In welchem Fach schneidet Benoît am besten ab? In welchem am schlechtesten?
4. Ist Benoît ein guter Schüler?
5. Wozu addieren sie am Ende die Noten? Was meinst du?

b Erkläre einem Freund/einer Freundin, der/die kein Französisch versteht, worum es hier geht.

1 **Ein hektischer Start! Finde die Geschichte wieder. Schreibe die Sätze in die Sprechblasen.**

Voilà vos tartines! C'est l'horreur! Et pourquoi? Les enfants! Mais papa! Parce que c'est dimanche! Mangez! On n'a pas cours aujourd'hui. On est en retard!

1

2

3

Et pourquoi?

4

5

2 **Écris les nombres.** | **Schreibe die Seitenzahlen unten auf den Seiten 41 bis 60 in deinem Carnet in Worten auf.**

3 Complète les mots par les bonnes lettres. | Setze die Buchstaben mit dem richtigen Akzent in die Wörter ein.

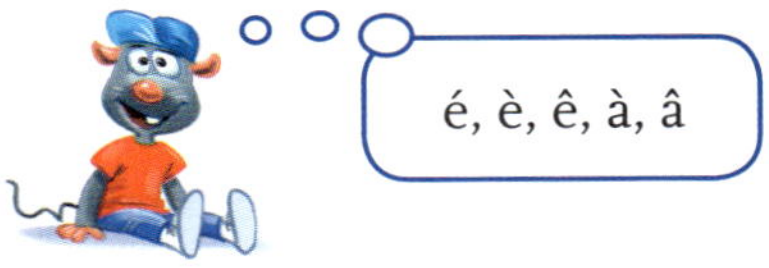

Moi, je d___teste le sport. ___ l'___cole, je n'aime pas pr___parer les expos___s. Mercredi apr___s-midi, je regarde la t___l___ et je mange les g___teaux de ma m___re. J'aime aussi lire des b___d___s et r___ver avec mes copains.

4 a Yannick hat die neuen Nomen der Unité 3 in ein Vokabellernprogramm eingegeben, aber das Programm spielt verrückt und hat die Vokale von den Konsonanten getrennt. Schreibe die Nomen vollständig mit dem bestimmten Artikel auf. ▶ Liste des mots, p. 137–142

	consonnes	voyelles	
1.	n t r r	i e o	1. l'interro
2.	r c r t n	é é a i o	
3.	m p l d t m p s	e o i u e	
4.	t l s	a a	
5.	r p n s	é o e	
6.	s c r t r t	e é a i a	
7.	g m n s	y a e	
8.	j r	o u	
9.	m n t	i u e	
10.	f t	a u e	

b Complète le texte. | Vervollständige den Lückentext mit den Wörtern aus a.

Ce n'est pas mon jour. Mon ☐☐☐☐☐☐ ☐☐ ☐☐☐☐☐, c'est la cata!

Aujourd'hui il y a une ☐☐☐☐☐☐☐. Et moi, je n'ai pas mon ☐☐☐☐☐.

Comment est-ce que je fais pour les ☐☐☐☐☐☐☐☐? C'est nul. À midi, c'est la ☐☐☐☐☐☐☐☐☐☐. Après, j'ai deux heures d'EPS, alors je vais au ☐☐☐☐☐☐☐. Mais je ne peux pas entrer. Et le ☐☐☐☐☐☐☐☐☐☐☐ est fermé aussi!

5 Jouez au jeu de l'hexagone. | Geht auf die Pappseite C eures Carnet. Spielt das Hexagone-Spiel und setzt die Frankreichkarte wieder zusammen.

1 Die Uhrzeit

a **Il est quelle heure? | Wieviel Uhr ist es? Schreibe die Uhrzeit auf. Manchmal gibt es zwei Möglichkeiten. Wähle eine davon aus.**

1. [:] Il est neuf heures et demie.
2. [:] Il est quatre heures moins le quart.
3. [:] Il est onze heures et quart.
4. [:] Il est six heures moins vingt.
5. [:] Il est midi et demi.

24

b **À quelle heure? | Wann geht Luc zur Schule? Hör zu und vervollständige die Uhrzeiten.**

2 Wochentage mit und ohne Artikel

a **Lies die Sätze und kreuze an, ob es einmalig oder regelmäßig stattfindet.**

	einmalig	regelmäßig
1. Le mardi, je mange chez ma grand-mère.	☐	X
2. Tu passes chez moi, vendredi?	☐	☐
3. Mardi, j'ai cours à 10 heures.	☐	☐
4. Elle est toujours en retard le vendredi.	☐	☐

b **Übersetze ins Deutsche.**

____

____

____

____

3 Das Verb *pouvoir*

Complète. | Setze die passenden Formen des Verbs *pouvoir* ein.

1. Je ne ______________ pas ranger ma chambre, je fais mes devoirs.
2. Au collège, les élèves ______________ manger à la cantine.
3. Est-ce que nous ______________ regarder la télé?
4. Pourquoi est-ce qu'on ne ______________ pas utiliser l'ordinateur?

4 Die Frage mit *Pourquoi est-ce que* und der Nebensatz mit *Parce que*

Finde die Dialoge wieder und schreibe sie auf.

1. es / retard / tu / en / Pourquoi est-ce que / ?
   pas / ne / Parce que / ma / marche / montre / .
2. les/ au /élèves / Pourquoi est-ce que / sont / CDI /?
   prof / là / est / Parce que / n' /pas / leur / .
3. fait / elle / ses / ne / Pourquoi est-ce qu' / pas / devoirs / ?
   chatte / sa / Parce qu' / avec / elle / copine / .

____

____

____

____

____

____

5 Die Possessivbegleiter im Plural

a Tim, der Austauschschüler aus Deutschland, stellt Marie und Laurine Fragen und notiert ihre Antworten.

– Vous faites ___vos___ devoirs ensemble?

– Oui, souvent.

– Vous aimez ________ collège?

– ________ collège? Mais oui!

– Et ________ profs sont sympa?

– Oui, et ________ surveillants aussi!

Elles font ___leurs___ devoirs ensemble.

Elles préparent aussi ________ exposés ensemble.

Elles aiment ________ collège.

________ profs sont sympa et

________ surveillants aussi.

b Vervollständige die Notizen von Tim auf dem Block.

6 Wie sagst du es auf Französisch?

Stelle die Mini-Dialoge wieder her. Verbinde.

Il est quelle heure? **1**	**a** Parce que ma montre ne marche pas.
On va au cinéma dimanche? **2**	**b** Non, ce n'est pas possible.
Pourquoi est-ce que tu es en retard? **3**	**c** Oui, ils sont sympa.
Qu'est-ce qu'il y a dans votre collège? **4**	**d** Il y a un CDI et une cour.
Est-ce que tu as cours le mardi à 10 heures? **5**	**e** Il est midi vingt.
Est-ce que vos surveillants sont sympa? **6**	**f** Oui, j'ai toujours sport.

Die Lösungen findest du auf S. 77–78.

▶ 71|2 **1** Décode ces phrases. | Kannst du den Code knacken?

1. P✏⚽l, v👁▢ns ✏⚽ t✏bl▢✏⚽.

2. V🧀⚽s ✏ll▢z tr✏v✏👁ll▢r ▢n gr🧀⚽p▢s.

3. J'✏👁 v🧀s 👁nt▢rr🧀s!

4. Al▢x n'▢st p✏s l✏̀ ✏⚽j🧀⚽rd'h⚽👁?

5. R▢t🧀⚽rn▢z ✏̀ v🧀s pl✏c▢s!

6. Sylv👁▢, tu p▢⚽x d👁str👁b⚽▢r l▢s f▢⚽👁ll▢s?

✏ = ______

▢ = ______

👁 = ______

🧀 = ______

⚽ = ______

▶ 71|2 **2** Qu'est-ce qu'ils disent? | Finde heraus, was die Schüler sagen.

1. ______

2. ______

3. ______

4. ______

5. ______

Unité 4 Qu'est-ce qu'on mange ce soir?

Approches

1 **a** Qu'est-ce qu'il y a dans la cuisine? | Was gibt es in der Küche? Finde die zehn Lebensmittel wieder und kreise sie ein. Schreibe die Nomen mit dem unbestimmten Artikel auf. Zwei Nomen stehen im Plural.

72|1

B	F	P	O	M	M	E	S
O	R	A	N	G	E	N	B
N	U	Y	O	Œ	U	F	A
B	I	A	U	S	A	V	N
O	T	O	M	A	T	E	A
N	S	U	O	N	S	F	N
A	F	R	O	M	A	G	E
G	Â	T	E	A	U	I	M

des pommes, ____________________

____

____

____

____

____

b Die restlichen Buchstaben ergeben einen Satz. Schreibe ihn auf.

____

c Gestalte drei Wörter aus der Übung **a** als Bild.

2 **a** Océane aime les bananes. | Océane isst gern Bananen. Und was mögen die anderen Jugendlichen? Verbinde die Namen mit den Lebensmitteln, auf die sie sich reimen.

73|2

Arthur | Fleur | Laurine | Océane | Agathe | Tom | Vincent | Marie-Ange | Gaston

b Écoute et compare. | Hör dir das Gedicht an und vergleiche, ob du die richtigen Reimwörter gefunden hast.

25

c Écoute et répète. | Hör dir das Gedicht noch einmal an und sprich es nach.

26

74|3

3 **a** **Qu'est-ce qu'on mange ce soir chez Émilie? | Was gibt es heute bei Émilie zu essen?**
Hör zu und vervollständige den Text mit *i*, *u* und *ui*.

Ma sœur Ém___l___e aime faire la c___s___ne. Aujourd'h___,

elle veut faire ___ne salade aux œufs et un gâteau aux fr___ts.

Dans le fr___go, il y a s___x sachets de br___oches,

un l___tre de lait, et un peu de conf___t___re, mais il n'y a pas

d'œufs. Alors, elle achète h___t œufs au s___permarché.

Elle est s___per, ma sœur!

Verwende
[i] = i
[y] = u
[ɥi] = ui

b **Hör dir den Text noch einmal an und vergleiche mit deinem Text.**

c **Lies den Text laut vor.**

74|4 **4** **Qu'est-ce qu'ils pensent? | Was denken sie? Schreibe zu jedem Bild den passenden Satz.**

Miam, c'est bon!   Nous avons faim!   On a soif!   J'ai faim!
Qu'est-ce qu'il y a dans le frigo?   J'ai soif!

1

____
____

____
____

3

____
____

4

____
____

5

____
____

6

____
____

74|5 **5** **Mehdi a faim.** | **Mehdi hat Hunger. Vervollständige die Sätze. Verwende die Mengenangaben.**
▶ Repères, p. 83/2

Après l'école, Mehdi a faim! Il va dans la cuisine. Sur la table de la cuisine, il y a 

un kilo de pommes ______________, 

______________________,

______________________. Dans le frigo, il y a 

______________________,  , ______________________

______________________,  ______________________,

 ______________________, 

______________________. Il prépare une salade de fruits. Miam, c'est bon!

74|6 **6** **Alexandre et son père sont au supermarché. Qu'est-ce qu'ils achètent?** | **Schreibe auf, was Alexandre und sein Vater einkaufen.**

Ils achètent[1] un sachet de bonbons, ______________________

____

____

____

____

____

____

1 **ils achètent** sie kaufen

Dialogue modèle

76|2 **1** Marie est au marché. Qu'est-ce qu'elle dit? | Marie ist auf dem Markt. Finde heraus, was sie gekauft hat und schreibe auf, was sie zur Verkäuferin sagt. Wenn es mehrere Möglichkeiten gibt, entscheide dich für eine.

[1] **la pièce** [lapjɛs] pro Stück

1. – *Je voudrais quatre yaourts.* ______________________________
   – Ça fait un euro trente-deux!

2. – ______________________________
   – Ça fait trois euros quatre-vingt-dix-huit!

3. – ______________________________
   – Ça fait un euro cinquante!

4. – ______________________________
   – Ça fait un euro soixante-cinq!

5. – ______________________________
   – Ça fait quatre euros vingt!

6. – ______________________________
   – Ça fait un euro quatre-vingt-dix!

7. – ______________________________
   – Ça fait deux euros soixante-dix!

27 76|3 **2** Écoute et complète le dialogue. | Hör dir den Dialog an. Sprich die fehlenden Wörter zuerst nach. Dann schreibe sie auf.

Zwei Kilo Orangen, bitte!

– Bonjour! Je voudrais ______________________________.

– ____________________?

– Merci, c'est tout. ______________________________?

– ______________________________.

– Voilà ...

– ______________! Au revoir!

et avec ça

ça fait quatre euros

deux kilos d'oranges, s'il vous plaît

merci

ça fait combien

3 Au kiosque. Remplis les bulles. | Am Kiosk. Alle bestellen auf einmal. Fülle die Sprechblasen aus.

L ▶ 77|5

1 Je voudrais deux bouteilles
de coca.

2 Pour moi, ____________________
____

3 ____________________
____

4 ____________________
____

5 ____________________
____

6 ____________________
____

4 À la boulangerie. Comment est-ce qu'on dit en français? | Schreib den Dialog auf Französisch.

L ▶ 77|5

1. Du begrüßt einen Verkäufer und sagst, dass du vier Croissants möchtest.
2. Der Verkäufer bedient dich und fragt dich, ob du noch einen Wunsch hast.
3. Du sagst, dass das alles ist.
4. Der Verkäufer sagt dir den Preis und bedankt sich.
5. Du bezahlst und verabschiedest dich.

1. ____________________
2. ____________________
3. ____________________
4. ____________________
5. ____________________

79|1 **1** **Chez Océane et Nicolas.** | Bei Océane und Nicolas. Lies noch einmal den Text in deinem Buch auf S. 78. Verbinde die Sprechblasen mit den passenden Bildern. Zu drei Bildern passen mehrere Sprechblasen.

a Tu achètes le poulet? J'achète les frites.

b Je rentre à sept heures.

c On peut faire un poulet avec des frites.

d Zut! Ça fait beaucoup de travail.

e Ça fait 15 euros 40.

1 

2 

3 

4 

f Vous pouvez faire une quiche aux légumes?

g On mange trop de légumes!

h Salut, les enfants! La quiche est prête?

i Je voudrais deux poulets et six œufs.

2 **a** **Complète le message de Madame Moreau.** | Ergänze die Nachricht, die Frau Moreau auf Océanes Mailbox hinterlassen hat.

1 ________________, les enfants,
c'est ________________!

2 ______________________________
à sept heures.

3 Est-ce que vous
____
six œufs et faire une ________________
________________, s'il vous plaît?

4 Il y a vingt ________________
sur mon bureau.

5 ________________
et à plus!

28 **b** **Écoute.** | Hör dir die Nachricht an und überprüfe deine Lösung.

3 ▶ 79|2

Qu'est-ce qu'on fait pour le diner? | Lies den Text in deinem Buch auf S. 78 und schreibe die Sätze auf Französisch auf.

1. Wir essen zuviel Gemüse!
2. Oh nein! Ich will kein Quiche!
3. Sie sind nicht zufrieden.
4. Wie viel kosten die Hühnchen?
5. Wir haben eine tolle Idee!
6. Ist die Quiche fertig?

1. ______________________________
2. ______________________________
3. ______________________________
4. ______________________________
5. ______________________________
6. ______________________________

4

Et qu'est-ce qu'on fait comme dessert? | Océane überlegt, was sie als Nachtisch zubereiten könnte. Mach ihr mindestens drei Vorschläge mit *préparer*, *faire* und *acheter*.

préparer

faire

acheter

1. *On peut préparer* ______________________________
2. ______________________________
3. ______________________________

5 ▶ 79|3

a Retrouve les formes des verbes. | Finde die Formen der Verben *vouloir* und *pouvoir* wieder und schreibe sie mit den passenden Personalpronomen in dein Heft. ▶ Les verbes, p. 126

b Qu'est-ce qu'ils veulent faire? | Was wollen sie machen? Schreibe sechs Sätze in dein Heft.

Je		faire la cuisine.
Tu		acheter des croissants.
Maxime	*vouloir*	organiser une fête.
Nous		danser.
Vous		surfer sur Internet.
Marie et Laurine		___ .

6 ▶ 84|1

Travaillez à deux.
Faites le tandem, p. 70.

L 75|7 81|9 **7** a Qu'est-ce qu'elles veulent faire? | Was wollen sie machen? Schreibe alle Wendungen in dein Heft, die du auf Französisch kennst, um dich am Telefon zu verabreden. So stellst du dich auf den Hörtext ein.

In Frankreich gibt es zum Abendessen oft einen Nachtisch, z. B. einen „petit suisse".

29 b Hör dir nun das Gespräch an und fülle die Tabelle aus.

1.	Qui?	
2.	Quand?	
3.	Où?	
4.	Qu'est-ce qu'elles veulent faire?	
5.	Qui apporte quoi?	

L 85|8 **8** La quiche est prête! | Die Quiche ist fertig! Ergänze die Sprechblasen. Verwende *prêt*, *content*, *formidable*. Denke daran, die Adjektive zu verändern, wenn nötig. ▶ Repères, p. 83/4

82|1 **9** **Une publicité.** | **Schau dir die Werbung an und beantworte die fünf Fragen.**

1. Wofür wirbt diese Anzeige?

____

2. Wann findet die beworbene Veranstaltung statt?

vom ____________________ bis ____________________

3. Für welche Altersgruppe ist die Veranstaltung gedacht?

____

4. Schreibe die französischen Bezeichnungen von mindestens vier abgebildeten Lebensmitteln auf.

____

____

5. Schreibe auf, was „Guten Appetit!" auf Französisch heißt.

____

1 **L'après-midi de Lisa et Manuel. | Nachmittags bei Lisa und Manuel. Ergänze die Sätze mit den passenden Verben. Denke daran die Verben zu konjugieren.** ▶ Les verbes, p. 126

avoir être faire acheter manger regarder rentrer aller

Lisa et son frère ______________ à la maison. Ils ______________ leurs devoirs. Lisa ______________ faim. Elle ______________ dans la cuisine et ______________ dans le frigo. Il y a des yaourts et un peu de fromage. Elle ______________ un yaourt. Manuel ______________ soif. Il y ______________ une bouteille d'eau sur la table.

À six heures, Lisa et son frére ______________ au supermarché. Ils ______________ des légumes, un poulet et des frites.

Leur mère n'______________ pas encore là, mais elle ______________ à 19 heures.

Voilà, leur mère arrive. «Vous ______________ la cuisine, les enfants!

Vous ______________ formidables, merci! J'______________ faim!»

2 **Écris le numéro des pages. | Schreibe die Seitenzahlen unten auf den Seiten 61 bis 80 in deinem Carnet in Worten auf.**

3 **Lis ces réponses et retrouve les questions. | Lies diese Antworten. Finde die passenden Fragen und schreibe sie auf.**

Est-ce que/qu'___?

Qu'est-ce que/qu'___?

Pourquoi est-ce que/qu'___?

___ combien?

1. – ______________________________

   – Ça fait 15 euros 60!

2.. – ______________________________

   – On peut préparer une glace à la vanille!

3. – ______________________________

   – Parce que une quiche, ça fait beaucoup de travail!

4. – ______________________________

   – Non, il n'y a pas de bananes, mais il y a des oranges!

1 Die Mengenangaben

Qu'est-ce qu'il y a sur la table? | Schreibe auf, was sich auf dem Tisch befindet. Verwende die Mengenangaben.

Sur la table, il y a ______________________________

____

____

____

2 Das Adjektiv

Élise et Anouk veulent faire un pique-nique avec leurs parents. | Élise und Anouk wollen mit ihren Eltern einen Picknick machen. Setze das Adjektiv jeweils in der passenden Form ein.

1 Élise, tu es __________ *(prêt)*, oui ou non?

2 Elle n'est pas __________ *(content)* …

3 Maintenant, mon sac est __________ *(prêt)*, mais où est mon portable?!

4 Ma sœur est __________ *(formidable)*, mais elle cherche toujours son portable.

3 Das Verb *vouloir*

Qu'est-ce qu'ils veulent manger? | Was wollen sie essen? Verbinde die Satzteile, die zusammenpassen.

Moi, je	1	a	veulent manger des frites.
Théo et Max	2	b	veut faire des spaghettis.
Et vous, vous	3	c	voulez faire une quiche?
Louise	4	d	veux manger un gâteau!

4 Wie sagst du es auf Französisch?

Anissa est au marché. | Anissa ist auf dem Markt und kauft ein. Bringe das Gespräch in die richtige Reihenfolge.

1. Un kilo de bananes … Et avec ça?
2. Voilà les oranges! C'est tout?
3. Bonjour, je voudrais un kilo de bananes, s'il vous plaît.
4. Merci et au revoir!
5. Ça fait 4 euros 20.
6. Je voudrais aussi deux kilos d'oranges.
7. Oui, merci, c'est tout. Ça fait combien?
8. Voilà.

☐ ☐ ☐ ☐ ☐ ☐ ☐ ☐

Die Lösungen findest du auf S. 78–79.

MODULE D Au café, on prend son temps!

1 **Où est-ce qu'ils sont?** | **Wo sind sie? Verbinde jede Aussage mit dem passenden Ort. Es gibt mehrere Möglichkeiten.**

Et comme boissons? **1**
Voilà ton mot d'excuse. **2**
Je ne comprends pas. **3**
Tout de suite, madame. **4**
Qu'est-ce que vous prenez? **5**

a dans la classe
b au café
c chez la CPE

L 91|2 **2** **a** **Complète.** | **Vervollständige die Formen von *prendre*.** ▶ **Liste des mots, p. 148**

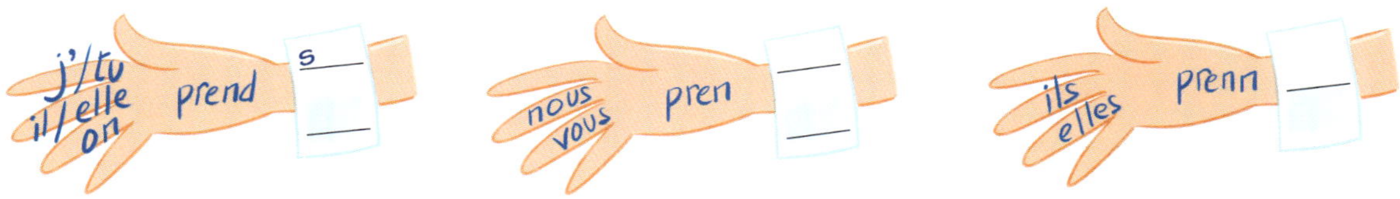

b **Vervollständige die Gespräche mit den passenden Verbformen von a.**

Qu'est-ce que vous ____________?

Je ____________ onze pizzas.

Elles ____________ leur temps!

Nous ne ____________ pas le métro.

Tu ____________ le bus maintenant?

On ____________ un ou deux sacs à dos?

30 L 91|3 **3** **a** **Qu'est-ce qu'ils prennent?** | **Jonas und Annabelle sitzen im Cafe. Hör dir an, was sie bestellen. Kreuze das Bild an, das zu ihrer Bestellung passt.**

1 

2 

3 

b **Schreibe die Bestellung von Jonas und Annabelle in dein Heft.**

Unité 5 Un week-end à Paris!

Texte: Exercices

L 94|2 **1** **a** À Paris. Écris les légendes sous les photos correspondantes. | Schreibe die Legenden unter die passenden Bilder.

le Sacré-Cœur   la place de la Bastille   la Géode
le centre Pompidou   la Seine   le Louvre
la tour Eiffel   Notre-Dame   le musée du quai Branly

b À toi! | Recherchiere im Internet. Gestalte ein Plakat mit allen Sehenswürdigkeiten in Paris, die dich interessieren.

▶ 94|3 **2** **a** Qu'est-ce que Laurine et Marie vont faire? | Laurine und Marie haben viel vor. Schreib auf, was zusammenpasst. Es gibt mehrere Möglichkeiten.

passer · faire · visiter · regarder · habiter

son sac · le week-end à Paris · du shopping · la fête · chez la sœur de Marie · un spectacle · un musée · un gâteau · un DVD · par la boulangerie

Elles vont passer le week-end à Paris. ______________________________

____

____

____

____

b Et toi? | Was würdest du am Wochenende gern tun? Schreibe mindestens fünf Sätze in dein Heft.

3 Trouve les formes du verbe *aller*. | Finde die Formen von *aller* und kreise sie ein. Vervollständige die Tabellen. ▶ Repères, p. 98/2

O	B	E	R	L	I
U	V	A	S	V	N
V	A	L	A	O	O
A	L	L	O	N	S
I	I	E	R	T	P
S	E	Z	E	I	L

ALLER

je	v ______
tu	v ______
il/elle/on	v ______
nous	______
vous	______
ils/elles	v ______

GEHEN

ich	______
du	______
er/sie/man	______
wir	______
ihr/Sie	______
sie	______

4 ▶ 95|5 Présent ou futur composé? | Präsens oder Futur? Unterstreiche die Verbform, wenn es um die Gegenwart geht und kreise sie ein, wenn es um die Zukunft geht.

1. – Aujourd'hui, je vais aux Halles.
   – Tu vas faire du shopping?
   – Non, je vais regarder un spectacle de hip-hop. Oh, zut! Je vais être en retard! À plus!

2. – Youpi! On va à la fête de la musique.
   – Vous allez au Centre Pompidou?
   – Oui, on va écouter un concert de rap.
   – Et vous rentrez à la maison après le concert?
   – Non, on va passer le week-end chez mon oncle!

5 L 95|6

Qu'est-ce qu'ils vont faire? | Bilde Sätze im *futur composé*. Verwende die richtige Form von *aller*.
▶ Repères, p. 98/2

1. Nous / ne faire pas la cuisine.

Nous n'allons pas faire la cuisine.

2. Mon oncle / travailler dans un musée.

___

3. Ses parents / visiter Paris.

___

4. Tu / ne organiser pas une fête-surprise?

___

5. Je / acheter des bonbons.

___

6. Vous / arriver en retard.

___

6 L 95|6

Travaillez à deux.
Faites le tandem, p. 71.

7 31

Apprends ce poème de Laurine. Tu peux aussi le chanter, en rap, par exemple? | Hör und lies Laurines Gedicht. Kannst du einen Rap daraus machen?

Voyage[1] à Paris

À Paris, à vélo ou en métro,
On va aller au Trocadéro,
On va visiter la tour Eiffel,
Et passer par le boulevard Saint-Michel.
Dans le quartier de la Bastille,
On va rencontrer des filles.
On va faire des balades[2] sur la Seine
Et aussi au parc André Citroën.
On va aller sur l'île de la Cité,
Et aussi sur les Champs-Élysées.
On va écouter un concert
Dans le quartier Bel Air
Et on va faire la fête à Paris!
Moi, Flora et ma copine Marie!

1 **le voyage** [ləvwajaʒ] die Reise 2 **la balade** [labalad] *hier:* die Bootsfahrt

C'est la Fête de la musique à Paris! Marie et Laurine vont à un concert à Montmartre. C'est le concert de Julien. Il chante bien et il est super sympa.

Vive la musique!

Eh toi, là!
Qu'est-ce que tu attends[1]?
Les mercredis ou les samedis,
Tu les attends, tu les attends, tu les attends.
Tu perds[2] peut-être ton temps
Mais tu attends,
Tu attends depuis longtemps.

Eh vous, là!
Qu'est-ce que vous attendez?
Votre cadeau ou le métro,
Vous l'attendez, vous l'attendez, vous l'attendez.
Vous perdez peut-être votre temps
Mais vous attendez,
Vous attendez depuis longtemps[3].

Et moi, là!
Qu'est-ce que j'attends?
Mon avion[4] ou la passion,
Je l'attends, je l'attends, je l'attends.
Mais moi, je ne perds pas mon temps:
Je le prends, je le prends depuis longtemps!

1 **attendre** auf jdn/etw. warten 2 **perdre** verlieren 3 **depuis longtemps** seit langem
4 **l'avion** *m.* das Flugzeug

8 a Qu'est-ce qu'ils attendent? | Hör dir das Lied an und lies den Text mit. Worauf warten die Personen, die angesprochen werden?

b Chante la chanson. | Hör zu und sing mit.

9 Et toi, qu'est-ce que tu attends? Ajoute une strophe à la chanson de Julien. | Schreibe eine weitere Strophe zu dem Lied von Julien.

Et moi, là!
Qu'est-ce que j'attends?
___ ou ___,
Je l'attends, je l'attends je l'attends.
Mais moi, je ne perds pas mon temps:
Je le prends, je le prends depuis longtemps!

1 a Pose des questions. | Stelle mindestens acht Fragen. Benutze ein Fragewort und *est-ce que*. Es gibt mehrere Möglichkeiten.

Où		tu fais tes devoirs?
Avec qui		on mange samedi?
Comment	est-ce que	ils habitent?
Chez qui	est-ce qu'	tu vas au CDI?
Quand		tu as sport?
Pourquoi		vous allez à Marseille?

____

____

____

____

____

____

b Stellt euch gegenseitig die Fragen von a und antwortet.

2 Vervollständige die Texte. Setze die Adverbien an der richtigen Stelle ein.

1

souvent
d'abord
maintenant
après
ensemble

Voilà Lily. ____________________ elle habite à côté de chez moi, alors on rentre ____________________. Le mercredi après-midi, je vais ____________________ chez elle. ____________________ on regarde la télé. ____________________, on fait nos devoirs.

Lily et moi, on est super copines!

2

alors
aujourd'hui
toujours
là
déjà

Tim va ____________________ au cybercafé après les cours. Ses copains sont ____________________ là. Mais ____________________, Tim a faim. ____________________ il passe par la boulangerie. ____________________, il achète un croissant. Miam, c'est bon!

1 Das *Futur composé*

Was werden sie am kommenden Wochenende machen? Verwende das *futur composé*.

1 

2 

3 

4 

1. ______________________________

2. ______________________________

3. ______________________________

4. ______________________________

2 Wie sagst du es auf Französisch?

a Du befragst deinen Freund / deine Freundin zu seinen/ihren Plänen am Wochenende. Du willst erfahren:

1. was er/sie am Samstag unternehmen wird.

____

2. ob er/sie das Wochenende zu Hause verbringen wird.

____

3. ob er zur Fête de la musique geht.

____

4. ob er zu dem Rap-Konzert gehen wird.

____

b À toi! | Stelle dich vor und sage:

- wie du heißt und wie alt du bist,
- wo du wohnst und in welche Klasse du gehst,
- wer deine Freunde sind,
- wie deine Geschwister heißen,
- welche Hobbys du hast,
- was du nicht nicht gern tust,
- was du am Wochenende vorhast.

Tipp: Schreibe erst die Sätze in dein Heft. Korrigiere deinen Text. Dann lerne deine Präsentation auswendig und übe sie zu Hause vor dem Spiegel.

Die Lösungen findest du auf S. 79–80.

Une carte postale

▶ 100|1 **1** **Laura écrit une carte postale à son cousin Tristan. | Laura schreibt ihrem Cousin Tristan. Hilf ihm die verschlüsselte Nachricht zu entziffern. Schreibe in dein Heft.**

Paris, le 12 juillet

tulaS!

Moi ça va super! eJ essap enu eniames à Paris avec mes parents. Il tiaf uaeb. On habite zehc sed sima ed sem stnerap. Leur fille est très sympa. ellE a nom egâ! reiH, no a tiaf ud gnippohs et on a fait un tour en bateau. Aujourd'hui, no a étisiv el eésum ud iauq ylnarB. tiaté'C repus! Ce soir, no av rella à nu trecnoc. Le 14 juillet, no av rella redrager el uef ecifitra'd.

eJ essarbme't Laura

Tristan Ségal
10, rue Chateaubriand
06100 Nice

Finde *Nice* auf der Frankreichkarte in deinem Buch. Wie heißt die Stadt auf Deutsch?

▶ 100|2 **2** **Tristan répond à Laura. Complète sa carte postale. | Tristan beantwortet die Postkarte von Laura. Vervollständige seine Postkarte.**

Hier, j'ai fais un stage de VTT — il fait très chaud. — En août, je vais aller chez Mamie[1]. — Moi aussi, ça va bien, merci! — Je t'embrasse — Nice, le 24 juillet — Salut Laura!

____

____

____

Ici, ______________________

____

avec mes copains. On est toujours ensemble.

____

______________ Est-ce que tu vas venir aussi?

______________ Tristan

Laura Vidmouch
4, rue du Figuier
34000 Montpellier

1 **Mamie** [mami] Oma

Annexe

Tandem Unité 1 / Approches

Faltet das Blatt in der Mitte. **A** beginnt.
Wechselt nach einem Durchgang die Rollen.

Mit diesem Tandembogen übt ihr das Datum anzugeben. ▶ **Repères, p. 21/1**

A	B
1. **A:** C'est quand l'anniversaire de Jérémy? (**B:** C'est le vingt-trois avril.)	1. (**A:** C'est quand l'anniversaire de Jérémy?) **B:** C'est le 23.4.
2. (**B:** C'est quand l'anniversaire de Sophie?) **A:** C'est le 29.5.	2. **B:** C'est quand l'anniversaire de Sophie? (**A:** C'est le vingt-neuf mai.)
3. **A:** C'est quand l'anniversaire de Pascal? (**B:** C'est le dix-sept octobre.)	3. (**A:** C'est quand l'anniversaire de Pascal?) **B:** C'est le 17.10.
4. (**B:** C'est quand l'anniversaire de Marina?) **A:** C'est le 19.1.	4. **B:** C'est quand l'anniversaire de Marina? (**A:** C'est le dix-neuf janvier.)
5. **A:** C'est quand l'anniversaire d'Élisabeth? (**B:** C'est le vingt-neuf mars.)	5. (**A:** C'est quand l'anniversaire d'Élisabeth?) **B:** C'est le 29.3.
6. (**B:** C'est quand l'anniversaire de Mohammed?) **A:** C'est le 15.7.	6. **B:** C'est quand l'anniversaire de Mohammed? (**A:** C'est le quinze juillet.)
7. **A:** C'est quand l'anniversaire de Tim? (**B:** C'est le neuf novembre.)	7. (**A:** C'est quand l'anniversaire de Tim?) **B:** C'est le 9.11.
8. (**B:** C'est quand l'anniversaire de Naomi?) **A:** C'est le 21.12.	8. **B:** C'est quand l'anniversaire de Naomi? (**A:** C'est le vingt et un décembre.)
9. **A:** C'est quand l'anniversaire d'Ibrahim? (**B:** C'est le trente juin.)	9. (**A:** C'est quand l'anniversaire d'Ibrahim?) **B:** C'est le 30.6.
10. (**B:** C'est quand l'anniversaire de Michèle?) **A:** C'est le 31.8.	10. **B:** C'est quand l'anniversaire de Michèle? (**A:** C'est le trente et un août.)

Tandem Unité 2 / Texte

Mit diesem Tandembogen übt ihr Ortsangaben. Dafür verwendet ihr die Präposition *à* und *le*, *la*, *les*, *l'*.

▶ **Repères, p. 41/3**

A

1. **A:** Anissa ne va pas au stade?
   (**B:** Non, elle va <u>à la</u> médiathèque.)

2. (**B:** Robin ne va pas à la médiathèque?)
   A: Non, il va ? **club de foot**.

3. **A:** Maxime ne va pas à la librairie?
   (**B:** Non, il va <u>au</u> roller parc.)

4. (**B:** Mehdi ne va pas au cybercafé?)
   A: Non, il va ? **école**.

5. **A:** Monsieur Moreau ne va pas au parc?
   (**B:** Non, il va <u>à l'</u>hôtel.)

6. (**B:** Madame Moreau ne va pas à Paris?)
   A: Non, elle va ? **Deux-Alpes**.

7. **A:** Nicolas ne va pas au supermarché?
   (**B:** Non, il va <u>à la</u> boulangerie.)

8. (**B:** Tu ne vas pas au stade?)
   A: Non, je vais ? **école**.

9. **A:** Ils ne vont pas au cybercafé?
   (**B:** Non, ils vont <u>à la</u> libraire.)

10. (**B:** Fatou ne va pas à Levallois?)
    A: Non, elle va ? **Deux-Alpes**.

11. **A:** Benoît va au parc?
    (**B:** Non, il va <u>à la</u> médiathèque.)

12. (**B:** On va au supermarché?)
    A: Non, on va ? **cybercafé**.

B

1. (**A:** Anissa ne va pas au stade?)
   B: Non, elle va ? **médiathèque**.

2. **B:** Robin ne va pas à la médiathèque?
   (**A:** Non, il va <u>au</u> club de foot.)

3. (**A:** Maxime ne va pas à la librairie?)
   B: Non, il va ? **roller parc**.

4. **B:** Mehdi ne va pas au cybercafé?
   (**A:** Non, il va <u>à l'</u>école.)

5. (**A:** Monsieur Moreau ne va pas au parc?)
   B: Non, il va ? **hôtel**.

6. **B:** Madame Moreau ne va pas à Paris?
   (**A:** Non, elle va <u>aux</u> Deux-Alpes.)

7. (**A:** Nicolas ne va pas au supermarché?)
   B: Non, il va ? **boulangerie**.

8. **B:** Tu ne vas pas au stade?
   (**A:** Non, je vais <u>à l'</u>école.)

9. (**A:** Ils ne vont pas au cybercafé?)
   B: Non, ils vont ? **librairie**.

10. **B:** Fatou ne va pas à Levallois?
    (**A:** Non, elle va <u>aux</u> Deux-Alpes.)

11. (**A:** Benoît va au parc?)
    B: Non, il va ? **médiathèque**.

12. **B:** On va au supermarché?
    (**A:** Non, on va <u>au</u> cybercafé.)

Tandem Unité 3 / Texte

Ihr seid im Collège Jean Jaurès unterwegs und führt kurze Interviews durch. Achte darauf, ob ihr die Person duzt oder siezt. Verwendet *ton/ta/tes* oder *votre/vos*. ▶ Repères, p. 63/2

A

1. **A:** Bonjour, Madame Durand. Vous cherchez ? portable?

   (**B:** Oui, c'est l'horreur!)

2. (**A:** Alors, Ben. Tu corriges tes fautes?)

   B: Oui, je corrige ? fautes!

3. **A:** Salut, Léa. C'est ? salle de classe?

   (**B:** Oui, c'est ma salle de classe.)

4. (**A:** Bonjour, Océane. Où est ton mot d'excuse?)

   B: Il est dans ? sac!

5. **A:** Bonjour, Monsieur Manchon. Vous aimez ? CDI?

   (**B:** Oui, j'adore mon CDI! Et vous?)

6. (**A:** Salut, Julie. Tu fais tes devoirs?)

   B: Oui, je prépare ? exposé.

7. **A:** Salut, Medhi. C'est ? DVD?

   (**B:** Oui, c'est mon DVD.)

8. (**A:** Regarde, Marie. Ce sont tes bédés?)

   B: Non, ce sont ? mangas!

9. **A:** Tu es en retard, Maxime. Est-ce que ? montre ne marche pas?

   (**B:** Non, ma montre ne marche pas.)

10. (**A:** Bonjour, Madame Blanco. Où sont vos élèves?)

    B: ? élèves? Au gymnase.

11. **A:** Salut, Katy. ? anniversaire, c'est quand?

    (**B:** Mon anniversaire, c'est le 17 avril.)

12. (**A:** Et vous, Monsieur Toquet? Votre anniversaire, c'est quand?)

    B: ? anniversaire, c'est le trois octobre.

B

1. (**A:** Bonjour, Madame Durand. Vous cherchez votre portable?)

   B: Oui, c'est l'horreur!

2. **A:** Alors, Ben. Tu corriges ? fautes?

   (**B:** Oui, je corrige mes fautes!)

3. (**A:** Salut, Léa. C'est ta salle de classe.)

   B: Oui, c'est ? salle de classe.

4. **A:** Bonjour, Océane. Où est ? mot d'excuse?

   (**B:** Il est dans mon sac!)

5. (**A:** Bonjour, Monsieur Manchon. Vous aimez votre CDI?)

   B: Oui, j'adore ? CDI! Et vous?

6. **A:** Salut, Julie. Tu fais ? devoirs?

   (**B:** Oui, je prépare mon exposé.)

7. (**A:** Salut, Mehdi. C'est ton DVD?)

   B: Oui, c'est ? DVD.

8. **A:** Regarde, Marie. Ce sont ? bédés?

   (**B:** Non, ce sont mes mangas!)

9. (**A:** Tu es en retard, Maxime. Est-ce que ta montre ne marche pas?)

   B: Non, ? montre ne marche pas.

10. **A:** Bonjour, Madame Blanco. Où sont ? élèves?

    B: Mes élèves? Au gymnase.

11. (**A:** Salut, Katy. Ton anniversaire, c'est quand?)

    B: ? anniversaire, c'est le 17 avril.

12. **A:** Et vous, Monsieur Toquet? ? anniversaire, c'est quand?

    (**B:** Mon anniversaire, c'est le trois octobre.)

Mit diesem Tandembogen übt ihr Einkaufsgespräche. Dafür benötigt ihr die Mengenangaben mit *de*.

▶ Repères, p. 83/2

A

1. **A:** Qu'est-ce qu'on mange ce soir?
   (**B:** Pour ce soir, on achète un poulet et des frites.)

2. (**B:** Ça fait combien, un poulet?)
   A: Je ne sais pas ... peut-être 

3. **A:** On achète des légumes?
   (**B:** Oui, on peut acheter un kilo de tomates.)

4. (**B:** On achète aussi des fruits?)
   A: Oui, on peut acheter 

5. **A:** On va aussi au supermarché?
   (**B:** Oui, je voudrais acheter un pot de confiture, un litre de lait et un peu de fromage.)

6. (**B:** C'est tout?)
   A: Non, on achète aussi 

7. **A:** On achète aussi des bonbons?
   (**B:** Non, on a trois sachets de bonbons.)

8. (**B:** On a assez d'argent?)
   A: Oui, on a  . Ça va.

B

1. (**A:** Qu'est-ce qu'on mange ce soir?)
   B: Pour ce soir, on achète 

2. **B:** Ça fait combien, un poulet?
   (**A:** Je ne sais pas ... peut-être huit euros.)

3. (**A:** On achète des légumes?)
   B: Oui, on peut acheter 

4. **B:** On achète aussi des fruits?
   (**A:** Oui, on peut acheter deux kilos de pommes et un kilo d'oranges.)

5. (**A:** On va aussi au supermarché?)
   B: Oui, je voudrais acheter

6. **B:** C'est tout?
   (**A:** Non, on achète aussi deux bouteilles de jus d'oranges.)

7. (**A:** On achète aussi des bonbons?)
   B: Non, on a 

8. **B:** On a assez d'argent?
   (**A:** Oui, on a trente euros. Ça va.)

Tandem Unité 5

Mit diesem Tandembogen übt ihr, wie man seine Pläne zum Ausdruck bringt. Dafür benötigt ihr das *futur composé* mit der richtigen Form von *aller*. ▶ Repères, p. 98/2

A	B
1. **A:** Qu'est-ce que tu ? faire ce week-end? (**B:** Je vais chatter avec mes copines).	1. (**A:** Qu'est-ce que tu vas faire ce week-end?) **B:** Je ? chatter avec mes copines.
2. (**A:** Et toi? Qu'est-ce que tu vas faire ce week-end?) **B:** Je ? aller à Paris avec mes parents.	2. **A:** Et toi? Qu'est-ce que tu ? faire ce week-end? (**B:** Je vais aller à Paris avec mes parents.)
3. **A:** Qu'est ce que vous ? faire à Paris? (**B:** On va visiter le musée du quai Branly.)	3. (**A:** Qu'est ce que vous allez faire à Paris?) **B:** On ? visiter le musée du quai Branly.
4. (**A:** Et toi, qu'est ce que tu vas faire à Paris?) **B:** Je ? faire du shopping.	4. **A:** Et toi, qu'est ce que tu ? faire à Paris? (**B:** Je vais faire du shopping).
5. **A:** Est-ce qu'on ? aller au cinéma mercredi? (**B:** Oui et après, on va passer au cybercafé.)	5. (**A:** Est-ce qu'on va aller au cinéma mercredi?) **B:** Oui, et après, on ? passer au cybercafé.
6. (**A:** Qu'est-ce qu'ils vont faire après les cours?) **B:** Ils ? préparer leur interro.	6. **A:** Qu'est-ce qu'ils ? faire après les cours? (**B:** Ils vont préparer leur interro.)
7. **A:** Qu'est-ce que tu ? faire pour ton anniversaire? (**B:** Je vais inviter mes copains.)	7. (**A:** Qu'est-ce que tu vas faire pour ton anniversaire?) **B:** Je ? inviter mes copains.
8. (**A:** Coralie va faire un gâteau?) **B:** Non, elle ? faire une salade de fruits.	8. **A:** Coralie ? faire un gâteau? (**B:** Non, elle va faire une salade de fruits.)
9. **A:** Vous ? regarder la télé? (**B:** Non, on ne va pas regarder la télé.)	9. (**A:** Vous allez regarder la télé?) **B:** Non, on ne ? pas regarder la télé.
10. (**A:** Vous allez faire la fête?) **B:** Oui, on ? danser.	10. **A:** Vous ? faire la fête? (**B:** Oui, on va danser.)
11. **A:** Qu'est-ce qu'on ? acheter comme cadeau? (**B:** Moi, je vais acheter un poster.)	11. (**A:** Qu'est-ce qu'on va acheter comme cadeau? **B:** Moi, je ? acheter un poster.
12. (**A:** Qu'est-ce qu'on va manger ce soir?) **B:** Ce soir? Je ? faire des spaghettis.	12. **A:** Qu'est-ce qu'on ? manger ce soir? (**B:** Ce soir? Je vais faire des spaghettis.)

Je regarde et je comprends | Ich sehe und ich verstehe

- kurze französische Filmsequenzen

Je lis et je sais | Ich lese und ich kann

- Arbeitsanweisungen in meinem Buch und meinem Arbeitsheft verstehen
- in meinem Buch etwas nachschlagen
- Wörter und kurze Sätze auf Plakaten oder in Zeitschriften verstehen
- Informationen auf französischen Internetseiten verstehen
- eine E-Mail / eine SMS / eine Postkarte / eine Einladungskarte verstehen
- ein Rezept / eine Bildgeschichte verstehen

J'écris et je sais | Ich schreibe und ich kann

- meinen Namen und meine Adresse auf einen Coupon eintragen
- eine E-Mail / eine SMS schreiben
- eine Postkarte / eine Einladungskarte schreiben
- einen Einkaufszettel schreiben
- meinen Schulalltag beschreiben

J'écoute et je sais | Ich höre und ich kann

- Arbeitsanweisungen verstehen
- Fragen über mich / meine Interessen / meine Familie / meine Freunde verstehen
- einen kurzen Dialog, ein Interview oder eine kurze Geschichte verstehen
- ein Telefongespräch führen
- einfache Sätze und Fragen im Französischunterricht verstehen
- Adressen, Telefonnummern, Preise, Daten und die Uhrzeit verstehen
- eine Durchsage / einfache Lieder und Gedichte verstehen
- verstehen, wenn jemand über seine Interessen / seine Schule / seine Pläne spricht
- ein kurzes Einkaufsgespräch/Tischgespräch verstehen

Je parle et je sais | Ich spreche und ich kann

- Kontakte aufnehmen und beenden, mich und meine Familie vorstellen
- über Hobbys und Interessen sprechen und jemanden danach fragen
- über das Wetter sprechen, einfache Lieder und Gedichte vortragen
- an einfachen Gesprächen im Französischunterricht teilnehmen
- sagen, wann ich Geburtstag habe und was ich mir wünsche
- mich mit jemanden verabreden, einfache Wege beschreiben
- Vorschläge machen, nach einem Grund fragen und etwas begründen
- über meinen Schulalltag/Stundenplan sprechen und danach fragen
- das Wichtigste französischer/deutscher Äußerungen auf Deutsch/Französisch wiedergeben
- ein kurzes Einkaufsgespräch/Tischgespräch führen
- sagen, dass ich Hunger/Durst habe, in einem Café etwas bestellen
- sagen, wohin ich gehe und über meine Pläne sprechen

La France et les Français | Frankreich und die Franzosen

- Ich kenne einige französische Feste und Traditionen.
- Ich kenne einige französische Städte.
- Ich weiß einiges über Paris und über Levallois.
- Ich kenne die Namen einiger französischer Persönlichkeiten und weiß, warum sie bekannt sind.
- Ich weiß einiges über die Schule in Frankreich.

Mon portfolio de français

Hier kannst du selbst überprüfen, was du in Französisch gelernt hast.
Jeder Teil der Säule steht für eine Fertigkeit: Hören, Sprechen, Lesen, Schreiben, Wissen.
Gehe jeden einzelnen Teil durch.
Wenn du etwas noch nicht so gut kannst, dann male den entsprechenden Kreis rot an.
Wenn du etwas sehr gut kannst, male den entsprechenden Kreis grün an.

Mon portfolio de français

Mit deinem *portfolio de français* kannst du deine Französischkenntnisse in den Bereichen Hören, Sprechen, Lesen, Schreiben und Landeskunde feststellen und deine Fortschritte im Laufe des Jahres selbstständig überprüfen. Schlage dazu das Portfolio jedes Mal auf, wenn du die Doppelseite *Fais le point!* am Ende einer Unité gelöst hast, und gehe die einzelnen Kreise auf Seite 72–73 durch. (▶ Colonne de Juillet, Place de la Bastille)

Nom, prénom ______________________________

Date de naissance ____________________

Adresse ______________________________

____

Nom de mon école ______________________________

Adresse de mon école ______________________________

____

Classe ____________________ Année scolaire 20______ – 20______

Nom de mon/ma prof de français ______________________________

Dans ma famille, on parle

____

Avec mes amis, je parle

____

Sprachen, die ich gelernt habe und die ich lerne

____

Was ich über Frankreich weiß

____

____

____

____

____

____

Setze hinter jede richtige Lösung ein Häkchen. Male für jedes Häkchen ein Tortenstück aus. Für jedes ausgemalte Tortenstück gibt es einen Punkt. Schreibe auf, wie viele Punkte du erreicht hast.

Unité **1**, p. 17–18

1

1. Anne: 26 juillet / 26.7. ☐
2. Nazira: 23 septembre / 23.9. ☐
3. Moussa: 24 septembre / 24.9. ☐
4. Noah: 29 février / 29.2. ☐

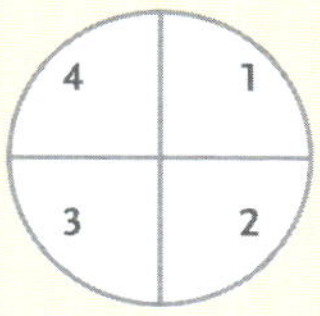

____/4 PUNKTE

○ 0–1 PUNKTE
Übe weiter, dann geht es besser! Löse die Förderübung in der Beilage, S. 2/**1**A.

◉ 2–3 PUNKTE
Du weißt, dass du dich noch verbessern kannst. Übe weiter und löse die Förderübung in der Beilage, S. 2/**1**B.

● 4 PUNKTE
Perfekt! Löse die Zusatzübung in der Beilage, S. 2/**1**C.

2

1. Est-ce que Laurine parle allemand? ☐
2. Est-ce que tu es en 5e A? ☐
3. Est-ce qu'Océane organise une fête? ☐
4. Est-ce qu'elle invite des garçons? ☐
5. Est-ce que nous faisons un gâteau? ☐

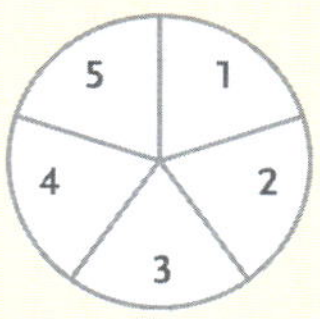

____/5 PUNKTE

○ 0–2 PUNKTE
Aller Anfang ist schwer! Löse die Förderübung in der Beilage, S. 2/**2**A.

◉ 3–4 PUNKTE
Das hast du schon ganz gut hinbekommen. Löse die Förderübung in der Beilage, S. 3/**2**B.

● 5 PUNKTE
Klasse! Löse die Zusatzübung in der Beilage, S. 3/**2**C.

3

1. fait ☐ 2. faites ☐ 3. fais ☐ 4. faisons ☐ 5. font ☐ 6. fais ☐

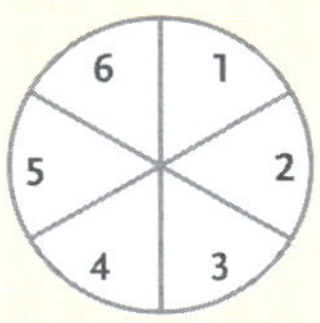

____/6 PUNKTE

○ 0–2 PUNKTE
Lass den Kopf nicht hängen! Löse die Förderübung in der Beilage, S. 4/**3**A.

◉ 3–4 PUNKTE
Das war schon ein Anfang! Löse die Förderübung in der Beilage, S. 4/**3**B.

● 5–6 PUNKTE
Super! Löse die Zusatzübung in der Beilage, S. 4/**3**C.

4

1. Moi, je ne fais pas mes devoirs. ☐
2. Je ne range pas ma chambre. ☐
3. Mes profs ne sont pas sympa. ☐
4. Je ne parle pas français. ☐
5. Mon collège n'est pas super. ☐
6. Je ne travaille pas avec mon amie. ☐

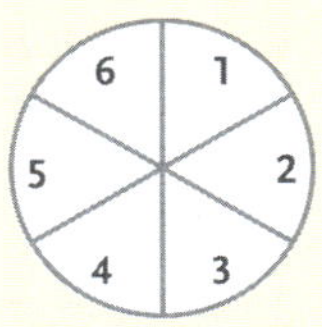

____/6 PUNKTE

○ 0–2 PUNKTE
Mit mehr Übung wirst du das besser hinbekommen! Löse die Förderübung in der Beilage, S. 5/**4**A.

◉ 3–4 PUNKTE
Bleibe am Ball! Löse die Förderübung in der Beilage, S. 5/**4**B.

● 5–6 PUNKTE
Bravo! Löse die Zusatzübung in der Beilage, S. 5/**4**C.

5 1 → c ☐ 2 → f ☐ 3 → e ☐ 4 → d ☐ 5 → a ☐ 6 → b ☐

___/6 PUNKTE

○ 0–2 PUNKTE
Lass dich nicht entmutigen! Löse die Förderübung in der Beilage, S. 6/**5**A.

◐ 3–4 PUNKTE
Nicht schlecht! Löse die Förderübung in der Beilage, S. 6/**5**B.

● 5–6 PUNKTE
Toll! Löse die Zusatzübung in der Beilage, S. 6/**5**C.

Unité **2**, p. 29–30

1 **a** le tennis ☐ le VTT ☐ la photo ☐ surfer sur Internet ☐
le cheval ☐ la musique ☐ regarder la télé ☐ faire la cuisine ☐

b 1. Ma sœur adore les animaux. ☐
2. J'aime regarder la télé avec mes copains. ☐
3. Mon frère n'aime pas le tennis. ☐
4. On n'aime pas les spaghettis. ☐

___/12 PUNKTE

○ 0–4PUNKTE
Bleibe am Ball! Löse die Förderübung in der Beilage, S. 7/**1**A.

◐ 5–8 PUNKTE
Da musst du noch mal ran. Löse die Förderübung in der Beilage, S. 7/**1**B.

● 9–12 PUNKTE
Gut gemacht! Löse die Zusatzübung in der Beilage, S. 8/**1**C.

2 1 → a ☐ 2 → d ☐ 3 → b ☐ 4 → c ☐

___/4 PUNKTE

○ 0–1 PUNKTE
Das kann doch jedem mal passieren! Löse die Förderübung in der Beilage, S. 8/**2**A.

◐ 2–3 PUNKTE
Gib Gas! Löse die Förderübung in der Beilage, S. 8/**2**B.

● 4 PUNKTE
Bravo! Löse die Zusatzübung in der Beilage, S. 9/**2**C.

3 1. On **va** ☐ **à la** ☐ boulangerie.
2. Tu **vas** ☐ **au** ☐ stade?
3. Non, je **vais** ☐ **au** ☐ parc.
4. Ils **vont** ☐ **à l'** ☐ école de musique.
5. Vous **allez** ☐ **au** ☐ cinéma?
6. Non, **nous allons** ☐ **au** ☐ rollerparc.

___/12 PUNKTE

○ 0–4 PUNKTE
Übung macht den Meister. Löse die Förderübung in der Beilage, S. 9/**3**A.

◐ 5–8 PUNKTE
Lass nicht locker! Das kannst du besser. Löse die Förderübung in der Beilage, S. 9/**3**B.

● 9–12 PUNKTE
Weiter so! Löse die Zusatzübung in der Beilage, S. 10/**3**C.

4

1. – J'aime le sport et la musique. ☐
   – Moi aussi! ☐
2. – Je n'aime pas chanter. ☐
   – Moi non plus! ☐
3. – On va au cinéma? / Est–ce qu'on va au cinéma? ☐
   – À quelle heure? ☐
   – À quatre heures. ☐
   – D'accord! À plus! ☐

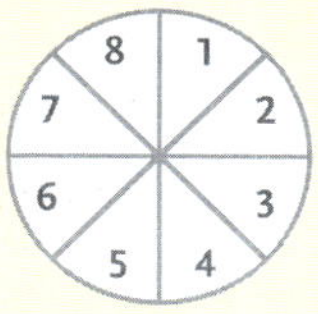

_____/8 PUNKTE

○ 0–2 PUNKTE
Lass den Kopf nicht hängen! Löse die Förderübung in der Beilage, S. 10/**4**A.

◐ 3–5 PUNKTE
Nicht übel! Übe weiter und löse die Förderübung in der Beilage, S. 10/**4**B.

● 6–8 PUNKTE
Toll! Löse die Zusatzübung in der Beilage S. 11/**4**C.

Unité 3, p. 45–46

1 **a** 1. 09:30 / 21:30 ☐ 2. 03:45 / 15:45 ☐ 3. 11:15 / 23:15 ☐ 4. 05:40 / 17:40 ☐ 5. 12:30 ☐

b 1. 07:50 ☐ 2. 12:15 ☐ 3. 14:45 ☐ 4. 16:30 ☐ 5. 17:10 ☐

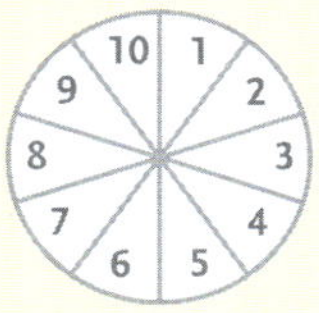

_____/10 PUNKTE

○ 0–4 PUNKTE
Lass nicht locker! Löse die Förderübung in der Beilage, S. 11/**1**A.

◐ 5–7 PUNKTE
Trainiere weiter und löse die Förderübung in der Beilage, S. 11/**1**B.

● 8–10 PUNKTE
Spitze! Löse die Zusatzübung in der Beilage, S. 12/**1**C.

2 **a** 1. → regelmäßig ☐ 2. → einmalig ☐ 3. → einmalig ☐ 4. → regelmäßig ☐

b – Dienstags esse ich bei meiner Oma. ☐
– Kommst du am Freitag / an diesem Freitag bei mir vorbei? ☐
– Am Dienstag / An diesem Dienstag habe ich Unterricht um 10 Uhr. ☐
– Freitags kommt sie immer zu spät. ☐

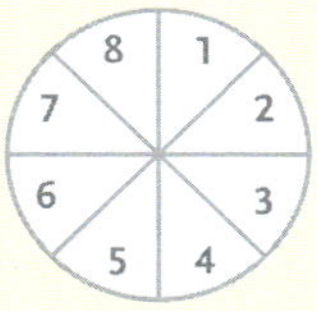

_____/8 PUNKTE

○ 0–3 PUNKTE
Übe weiter und du wirst dich verbessern. Löse die Förderübung in der Beilage, S. 12/**2**A.

◐ 4–6 PUNKTE
Du bist schon auf dem richtigen Weg! Löse die Förderübung in der Beilage, S. 12/**2**B.

● 7–8 PUNKTE
Spitze! Löse die Zusatzübung in der Beilage, S. 13/**2**C.

3

1. Je ne **peux** pas ranger ma chambre, je fais mes devoirs. ☐
2. Au collège, les élèves **peuvent** manger à la cantine. ☐
3. Est-ce que nous **pouvons** regarder la télé? ☐
4. Pourquoi est-ce qu'on ne **peut** pas utiliser l'ordinateur? ☐

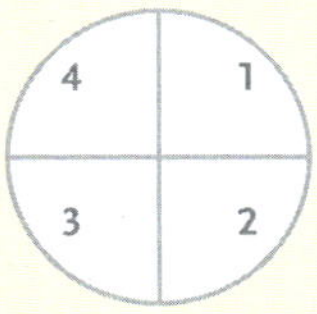

_____/4 PUNKTE

○ 0–1 PUNKTE
Die Formen von *pouvoir* musst du auswendig können. Löse die Förderübung in der Beilage, S. 13/**3**A.

◐ 2–3 PUNKTE
Es fehlt nicht mehr viel! Löse die Förderübung in der Beilage, S. 13/**3**B.

● 4 PUNKTE
Klasse! Löse die Zusatzübung in der Beilage, S. 13/**3**C.

4

1. – Pourquoi est-ce que tu es en retard? ☐
   – Parce que ma montre ne marche pas. ☐
2. – Pourquoi est-ce que les élèves sont au CDI? ☐
   – Parce que leur prof n'est pas là. ☐
3. – Pourquoi est-ce qu'elle ne fait pas ses devoirs? ☐
   – Parce qu'elle chatte avec sa copine. ☐

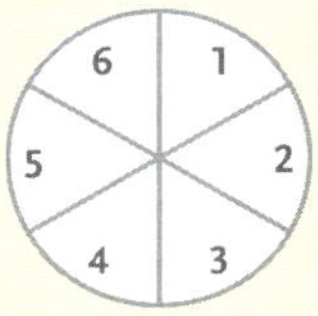

____/6 PUNKTE

○ 0–1 PUNKTE
Gib nicht auf! Löse die Förderübung in der Beilage, S. 14/**4**A.

◐ 2–4 PUNKTE
Mit mehr Übung wirst du das besser hinbekommen. Löse die Förderübung in der Beilage, S. 14/**4**B.

● 5–6 PUNKTE
Glückwunsch! Löse die Zusatzübung in der Beilage, S. 14/**4**C.

5

a
– Vous faites **vos** devoirs ensemble? ☐
– Vous aimez **votre** collège? ☐
– **Notre** collège? Mais oui! ☐
– Et **vos** profs sont sympa? ☐
– Oui, et **nos** surveillants aussi! ☐

b
Elle font **leurs** devoirs ensemble. ☐
Elles préparent aussi **leurs** exposés ensemble. ☐
Elles aiment **leur** collège. ☐
Leurs profs sont sympa et **leurs** surveillants aussi. ☐ ☐

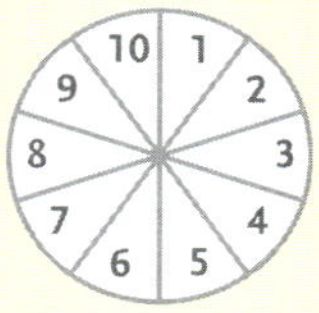

____/10 PUNKTE

○ 0–4 PUNKTE
Lass dich nicht entmutigen! Löse die Förderübung in der Beilage, S. 15/**5**A.

◐ 5–7 PUNKTE
Übung macht den Meister. Löse die Förderübung in der Beilage, S. 15/**5**B.

● 8–10 PUNKTE
Toll! Löse die Zusatzübung in der Beilage S. 15/**5**C.

6

1 → e ☐ 2 → b ☐ 3 → a ☐ 4 → d ☐ 5 → f ☐ 6 → c ☐

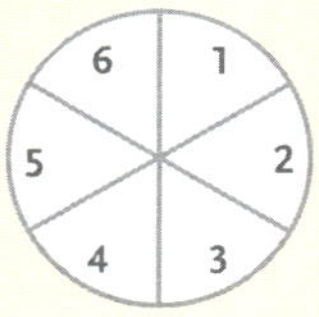

____/6 PUNKTE

○ 0–2 PUNKTE
Das musst du noch üben. Löse die Förderübung in der Beilage, S. 16/**6**A.

◐ 3–5 PUNKTE
Mit etwas Training schaffst du es! Löse die Förderübung in der Beilage, S. 16/**6**B.

● 6 PUNKTE
Super! Löse die Zusatzübung in der Beilage, S. 16/**6**C.

Unité **4**, p. 58

1

Sur la table, il y a **un sachet de frites** ☐, **un kilo de pommes** ☐, **deux pots de confiture** ☐, **une bouteille d'eau** ☐, **un litre de lait** ☐, **beaucoup de fromage** ☐ et **un peu de beurre** ☐.

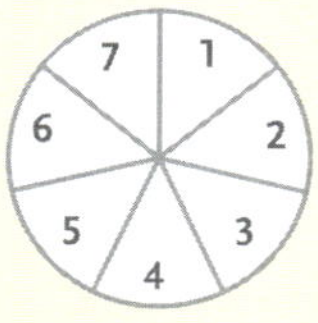

____/7 PUNKTE

○ 0–2 PUNKTE
Übe die Vokabeln jeden Tag fünf Minuten. Das wird dir helfen.
Löse die Förderübung in der Beilage, S. 17/**1**A.

◐ 3–5 PUNKTE
Das hat ja schon fast gut geklappt! Löse die Förderübung in der Beilage, S. 17/**1**B.

● 6–7 PUNKTE
Weiter so! Löse die Zusatzübung in der Beilage, S. 17/**1**C.

2

1. Élise, tu es **prête**, oui ou non? ☐
2. Elle n'est pas **contente** ... ☐
3. Maintenant, mon sac est **prêt**, mais où est mon portable?! ☐
4. Ma sœur est **formidable**, mais elle cherche toujours son portable. ☐

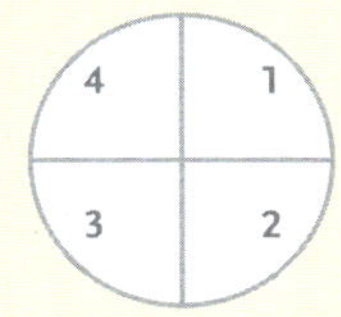

____/4 PUNKTE

○ 0–1 PUNKT
Lass nicht locker! Löse die Förderübung in der Beilage, S. 18/**2**A.

◐ 2–3 PUNKTE
Übe weiter und löse die Förderübung in der Beilage, S. 18/**2**B.

● 4 PUNKTE
Sehr gut! Löse die Zusatzübung in der Beilage, S. 18/**2**C.

3

1 → d ☐   2 → a ☐   3 → c ☐   4 → b ☐

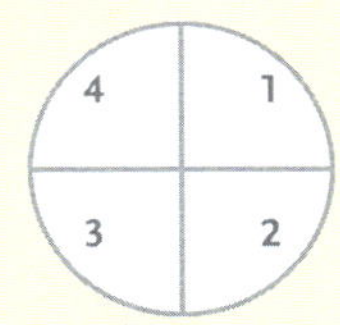

____/4 PUNKTE

○ 0–1 PUNKT
Das Verb *vouloir* musst du im Schlaf können. Lerne es auswendig.
Löse die Förderübung in der Beilage, S. 19/**3**A.

◐ 2–3 PUNKTE
Du bist auf dem richtigen Weg. Löse die Förderübung in der Beilage, S. 19/**3**B.

● 4 PUNKTE
Toll! Löse die Zusatzübung in der Beilage, S. 19/**3**C.

4

3 ☐   1 ☐   6 ☐   2 ☐   7 ☐   5 ☐   8 ☐   4 ☐

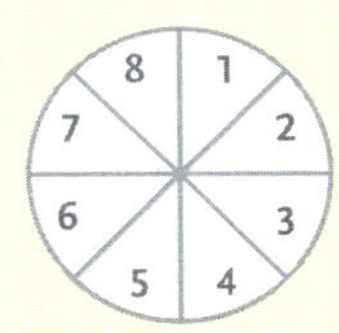

____/8 PUNKTE

○ 0–3 PUNKTE
Lass dich nicht unterkriegen. Löse die Förderübung in der Beilage, S. 20/**4**A.

◐ 4–6 PUNKTE
Bleibe am Ball. Löse die Förderübung in der Beilage, S. 20/**4**B.

● 7–8 PUNKTE
Das hast du wirklich gut gemeistert! Löse die Zusatzübung in der Beilage, S. 21/**4**C.

Unité **5**, p. 65

1

1. Ils **vont** visiter un musée. ☐
2. Elle **va** regarder la télé. ☐
3. Ils **vont** aller au ciné/cinéma. ☐
4. Elles **vont** faire du shopping. ☐

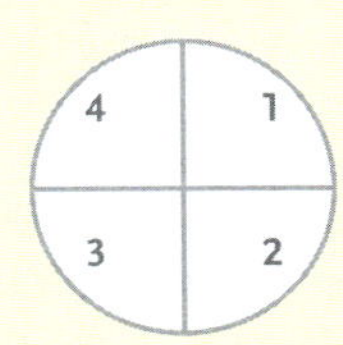

____/4 PUNKTE

○ 0–1 PUNKTE
Die Formen von *aller* müssen sitzen. Lerne sie auswendig. Löse die Förderübung in der Beilage, S. 21/**1**A.

● 2–3 PUNKTE

Jetzt kommt der Endspurt. Lass nicht nach. Löse die Förderübung in der Beilage, S. 21/**1**B.

● 4 PUNKTE

Spitze! Löse die Zusatzübung in der Beilage, S. 22/**1**C.

2 **a**
1. Qu'est-ce que tu vas faire samedi? ☐
2. Est-ce que tu vas passer le week-end à la maison / chez toi? ☐
3. (Est-ce que) tu vas aller à la Fête de la musique? ☐
4 (Est-ce que) tu vas aller au concert de rap? ☐

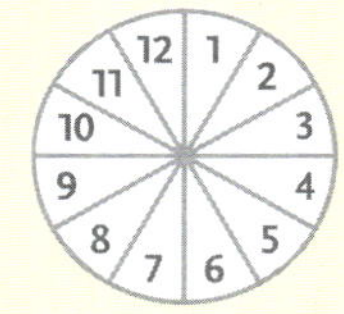

____/12 PUNKTE

b
– Je m'appelle ___ . ☐ J'ai ___ ans. ☐
– J'habite à ___ je suis en 6ᵉ / 5ᵉ ___ . ☐
– Mon copain / ma copine, c'est ___ / s'appelle ___ . / Mes copains / mes copines, ce sont ___ / s'appellent ___ . ☐
– J'ai un frère / une sœur / des frères et sœurs. Je n'ai pas de frère/sœur/frères et sœurs. ☐ Mon frère / Ma sœur s'appelle ___ . / Mes frères/sœurs s'appellent ___ . ☐
– J'aime/adore ___ . ☐
– Je n'aime pas ___ . ☐
– Ce week-end, je vais au / à la / à l'___ . ☐

○ 0–5 PUNKTE

Das hat noch nicht so gut geklappt! Löse die Förderübung in der Beilage, S. 22/**2**A.

● 6–9 PUNKTE

Schon nicht schlecht! Löse die Förderübung in der Beilage, S. 22/**2**B.

● 10–12 PUNKTE

Du kannst wirklich stolz sein! Löse die Zusatzübung in der Beilage, S. 23/**2**C.

Spielanleitung Jeu de loto

ab Unité 1: *C'est quand, ton anniversaire? / Où est le gâteau? / Qu'est-ce que tu fais?*
ab Unité 2: *Où est-ce que tu vas? / Qu'est-ce que tu n'aimes pas? / Qu'est-ce que tu aimes faire?*

Für 3 Spieler (3 Legetafeln, 18 Fragekärtchen)

Ziel: Als Erste/r seine Legetafel mit allen passenden Kärtchen füllen.

1. Jeder Spieler bekommt eine Legetafel und legt sie offen vor sich hin. Die Kärtchen werden gemischt und verteilt. Jeder Spieler legt die Kärtchen, die zu seiner eigenen Legetafel passen ab.
2. Der Spieler mit den wenigsten Kärtchen auf seiner Legetafel (Spieler **A**) beginnt. Er/Sie stellt seinem linken Nachbarn (Spieler **B**) die Frage auf seiner Legetafel, z.B. «*Où est le gâteau?*».
3. Wenn **B** eine Karte hat, die zur Legetafel von A passt, beantwortet er/sie die Frage. Er/Sie sagt, was auf dem Kärtchen zu sehen ist, z. B. «*Le gâteau est sous la table*». Die richtige Antwort steht zur Kontrolle auf der Legetafel von **A**.
   → **Die Antwort ist richtig: A** bekommt das Kärtchen und **B** ist an der Reihe. **B** stellt seinem linken Nachbarn die Frage auf seiner Legetafel.
   → **Die Antwort ist falsch: A** korrigiert **B**, er/sie liest die richtige Antwort von seiner Legetafel ab. **A** bekommt das Kärtchen und ist noch einmal dran.
4. Wenn **B** keine Karte hat, die zur Legetafel von **A** passt, fragt **A** seinen rechten Nachbarn (Spieler **C**).

Klebe auf der nächsten Seite einen Briefumschlag ein und bewahre darin die Kärtchen zu deinem *Jeu de loto* **und deinem** *Jeu de l'Hexagone* **auf.**

À toi! 1B

Carnet d'activités

Förder- und Zusatzübungen

220001987

1. In deinem Carnet findest du nach jeder Unité die Seiten *Fais le point!* Da kannst du überprüfen, was du in der Unité gelernt hast.
2. Am Ende des Carnet findest du auf den Seiten 75 bis 80 die Lösungen zu *Fais le point!* Dort errechnest du, wie viele Punkte du erreicht hast.
3. Hier findest du weitere Übungen. Du sollst nicht alle lösen! Wähle jeweils die Übung aus, die zu deinem Punktestand passt.

Die Lösungen der Förder- und Zusatzübungen findest du online. Den Code findest du auf --> S. 1

Cornelsen

Unité 1

75|1 1A ○ 0–1 PUNKTE

Ergänze auf den Kalenderblättern die Monatsnamen. Wenn du Hilfe brauchst, dann schau im Buch in der *Liste des mots* auf S. 128 nach.

2 octobre	**21** ______let	**28** fé______	**5** ______ût
31 no______	**6** ______il	**14** jan______	**13** ______in

75|1 1B ◐ 2–3 PUNKTE

Schreibe die fehlenden Monate auf. Wenn du Hilfe brauchst, dann schau im Buch in der *Liste des mots* auf S. 128 nach.

janvier **1** mai **2** septembre **3** décembre

1. février, ______________________
2. ______________________
3. ______________________

75|1 1C ● 4 PUNKTE

Schau dir einen Kalender an und schreibe die folgenden Daten (Tag und Monat) auf Französisch auf:

Neujahrstag: C'est le 1er janvier.

Valentinstag: ______________________

Maifeiertag / Tag der Arbeit: ______________________

Tag der deutschen Einheit: ______________________

Erster Weihnachtstag: ______________________

Silvester: ______________________

75|2 2A ○ 0–2 PUNKTE

Schreibe jede Frage in den passenden Anzug hinein. Wenn du Hilfe brauchst, dann schau im Buch in den *Repères* auf S. 21/2 nach.

Est-ce que tu fais un gâteau?

Est-ce que tu invites les copains?

Est-ce qu'on a un cadeau?

Est-ce qu'il apporte ses CD?

E s t - c e ______ ______ ______ ______ ?

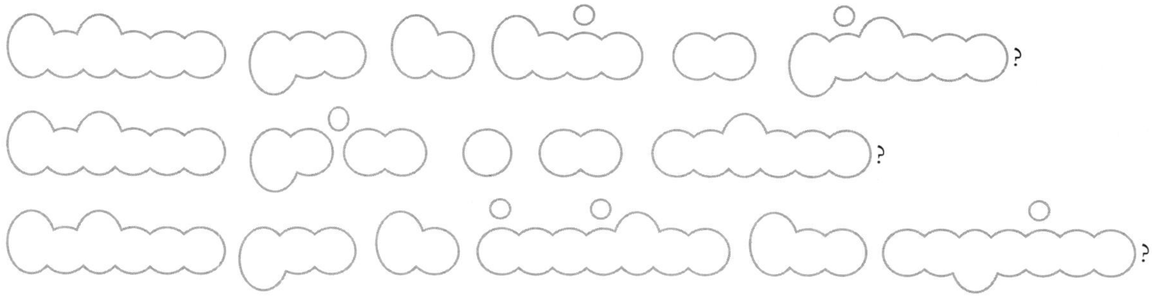

75|2 **2B** 3–4 PUNKTE

Davids Oma ruft an und fragt nach der bevorstehenden Party für Davids Schwester Jeanne. Schreibe die Fragen auf, die die Oma stellt. Verwende *est-ce que / est-ce qu'*. **Wenn du Hilfe brauchst, dann schau im Buch in den** *Repères* **auf S. 21/2 nach.**

tu / organiser la fête | vous / inviter ses copains | ta mère / faire un gâteau | tu / avoir un cadeau | tes parents / être d'accord

1. **Grand-mère:** Est-ce tu organises la fête pour Jeanne?
   Nicolas: Oui, avec Karim et Nadia.
2. **Grand-mère:** ____________________ ?
   Nicolas: Oui, bien sûr.
3. **Grand-mère:** ____________________ ?
   Nicolas: Oui, on invite cinq copains.
4. **Grand-mère:** ____________________ ?
   Nicolas: Oui, j'ai un poster.
5. **Grand-mère:** ____________________ ?
   Nicolas: Oui, et papa fait une salade.

75|2 **2C** 5 PUNKTE

Laurines kleiner Bruder Théo will alles ganz genau wissen. Ergänze seine Fragen. Verwende *est-ce que* **oder** *qu'est-ce que*.

1. **Théo:** Qu'est-ce que tu fais?
   Laurine: Un gâteau pour mon anniversaire.
2. **Théo:** ____________________ ton amie Océane fait pour Anissa?
   Laurine: Elle organise une fête-surprise.
3. **Théo:** ____________________ elle est dans ta classe?
   Laurine: Non, elle est en 5e B.
4. **Théo:** ____________________ tu invites aussi des garçons?
   Laurine: Bien sûr!
5. **Théo:** ____________________ tu écoutes?
   Laurine: J'écoute Lady Gaga.

75|3 **3A** ○ 0–2 PUNKTE

Zeichne Trennstriche in die Wortschlange ein und finde die Formen von *faire* wieder. Schreibe die Formen des Verbs *faire* zu den passenden Personalpronomen. Wenn du Hilfe brauchst, dann schau im Buch auf S. 126 nach.

FAIS/FAITESFONTFAITFAISFAISONS

je *fais* ______ tu ______ il/elle/on ______

nous ______ vous ______ ils/elles ______

75|3 **3B** ◐ 3–4 PUNKTE

Machen Marie und Laurine Hausaufgaben oder nicht? Ergänze das Gespräch zwischen den Mädchen und Maries Mutter mit den Formen von *faire*. Wenn du Hilfe brauchst, dann schau im Buch auf S. 126 nach.

la mère de Marie: Qu'est-ce que vous *faites* ?

Marie et Laurine: On ______ un manga.

la mère de Marie: Mais vous ne travaillez pas!

Marie et Laurine: Nous ______ un manga pour le cours d'allemand.

la mère de Marie: Et vos copains, qu'est-ce qu'ils ______ ?

Marie et Laurine: Ils ______ les devoirs pour le cours d'anglais.

la mère de Marie: Et moi, je ______ une pizza.

Marie: Maman, tu es super!

75|3 **3C** ● 5–6 PUNKTE

Océane bereitet die Überraschungsparty für Anissa vor. Sie ruft Marie an. Was sagt sie? Schreibe das Gespräch auf Französisch auf.

Océane: Was machst du?
Marie: Ich mache meine Hausaufgaben.
Océane: Hör mal! Ich organisiere eine Überraschungsparty für Anissa. Laurine und du, macht ihr einen Kuchen?
Marie: Einverstanden. Wir machen einen Kuchen.
Océane: Und Nicolas macht einen Salat.
Marie: Super!

Océane: *Qu'est-ce que tu fais?*

Marie: ______

Océane: ______

______

Marie: ______

Océane: ______

Marie: ______

75|4 4A ○ 0–2 PUNKTE

Kontrolliere, ob die Sätze zu den Bildern passen. Ist der Satz falsch, dann streiche die Verneinungswörter *ne* und *pas* durch. Wenn du Hilfe brauchst, dann schau im Buch in den *Repères* auf S. 21/3 nach.

1. La perruche
~~n'~~est ~~pas~~ dans la salle de bains.

2. La perruche
n'est pas dans son lit.

3. La perruche
n'est pas dans la cuisine.

4. La perruche
n'est pas dans le salon.

5. La perruche
ne range pas sa chambre.

6. La perruche
ne fait pas ses devoirs.

75|4 4B ◐ 3–4 PUNKTE

Mehdi antwortet seinem Vater immer mit „nein". Ergänze seine Antworten. Verwende *ne ... pas* und die Verben in Klammern. Wenn du Hilfe brauchst, dann schau im Buch in den *Repères* auf S. 21/3 nach.

le père: Tu fais tes devoirs?

Mehdi: Non, je ___ne fais pas___ mes devoirs. *(faire)* Je n'ai pas mes livres ...

le père: Et ton copain? Passe chez Patrick.

Mehdi: Il ____________________ là aujourd'hui. *(être)*

le père: Écoute, fais le numéro de Patrick.

Mehdi: Mais je ____________________ mon portable. *(avoir)*

le père: Voilà mon portable ...

Mehdi: Mais je ____________________ son numéro ... *(avoir)*

76|4 4C ● 5–6 PUNKTE

Robins Vater ruft an und will wissen, was Robin macht. Robin antwortet immer mit „nein". Schreibe seine Antworten auf.

Monsieur Teissier: Tu es dans la cuisine?

Robin: Non, je ne suis pas dans la cuisine.

Monsieur Teissier: Tu fais tes devoirs?

Robin: Non, ____

Monsieur Teissier: Tu es avec Nicolas?

Robin: Non, ____

Monsieur Teissier: Tu écoute ton CD de Soha?

Robin: Non, ____

76|5 **5A** ○ 0–2 PUNKTE

Wie sagst du es auf Französisch? Verbinde. Wenn du Hilfe brauchst, dann schau im Buch unter *Les mots pour le dire* **auf den Seiten 170–172 nach.**

Zum Geburtstag wünsche ich mir einen mp3-Player.	**1**	**a**	Joyeux anniversaire!
Das ist nicht möglich.	**2**	**b**	C'est quand, ton anniversaire?
Ich bin nicht einverstanden.	**3**	**c**	Ce n'est pas possible.
Wann hast du Geburtstag?	**4**	**d**	Je ne sais pas.
Machst du eine Party?	**5**	**e**	Pour mon anniversaire, je voudrais un lecteur mp3.
Alles Gute zum Geburtstag!	**6**	**f**	Est-ce que tu organises une fête?
Ich weiß es nicht.	**7**	**g**	Je ne suis pas d'accord.

76|5 **5B** ◉ 3–4 PUNKTE

Laurine unterhält sich mit Thomas über ihren Geburtstag. Ergänze jeweils die Frage oder die Antwort. Wenn du Hilfe brauchst, dann schau im Buch unter *Les mots pour le dire* **auf den Seiten 170–172 nach.**

1. – *C'est quand, ton anniversaire?* ____________

   – Mon anniversaire, c'est le 4 août.

2. – Qu'est-ce que tu voudrais pour ton anniversaire?

   – ____________

3. – ____________

   – Oui, mes parents sont d'accord.

4. – ____________

   – Oui, j'organise une fête chez ma grand-mère.

5. – ____________ Anne et Claire?

   – Non, j'invite Anissa, Maxime, Océane et Nicolas.

6. – Est-ce que ta grand-mère fait un gâteau?

   – Non, Océane et Nicolas ____________

7. – Et moi, ____________

   – D'accord!

76|5 **5C** ● 5–6 PUNKTE

Du schreibst deinem französischen Brieffreund / deiner französischen Brieffreundin, dass

– am Samstag dein Geburtstag ist,
– du zum Geburtstag gern einen Computer haben möchtest,
– das nicht möglich ist,
– deine Mutter nicht einverstanden ist,
– du eine Party organisieren möchtest,
– du elf Freunde einladen willst.

Samedi, c'est mon anniversaire. ____________

Unité 2

76|1 **1A** ○ 0–4 PUNKTE

a Finde im Raster diese 14 Nomen wieder und kreise sie ein.

b Schreibe zu jedem Wort die deutsche Übersetzung. Wenn du Hilfe brauchst, schau im Buch in der *Liste des mots*, S. 133–136 nach.

R	S	A	F	E	B	N	O	P	Y	Z
I	P	H	O	T	O	F	I	C	B	E
L	O	O	O	H	R	A	B	H	L	I
L	R	I	T	E	D	U	L	E	O	S
O	T	R	A	C	I	D	A	V	I	L
T	E	Z	V	A	N	I	M	A	U	X
U	N	T	R	E	A	P	P	L	A	U
B	A	S	K	E	T	I	M	S	M	N
I	T	V	E	A	E	T	U	S	A	R
S	U	I	S	C	U	I	S	I	N	E
O	R	A	L	L	R	A	I	O	G	L
T	E	N	N	I	S	N	Q	A	A	U
É	P	H	O	N	I	E	U	G	S	M
L	I	U	S	K	A	T	E	J	O	E
É	T	O	I	L	E	T	T	E	S	I

les animaux	die Tiere
le basket	
le cheval	
la cuisine	
le foot	
les mangas	
la musique	
les ordinateurs	
la photo	
la nature	
le skate	
le sport	
la télé	
le tennis	

76|1 **1B** ○ 5–8 PUNKTE

Was mag Alma? Verbinde und schreibe dann die Sätze in dein Heft. Wenn du Hilfe brauchst, schau im Buch in *Les mots pour le dire*, **S. 168 (Über Hobby und Vorlieben sprechen) nach.**

Alma n'aime pas regarder	1	a	la nature.
Elle adore chatter	2	b	le cheval.
Elle aime	3	c	avec ses copines.
Elle adore	4	d	la télé.

76|1 **1C** ● 9–12 PUNKTE

Suche dir einen Jugendlichen aus und beschreibe mindestens fünf Dinge, die er/sie mag oder nicht mag.

Voilà Félix. Il aime les ordinateurs et ______________________________

____

____

____

____

____

____

76|2 **2A** ○ 0–1 PUNKTE

Bei einer Tombola werden die Gewinnzahlen ausgerufen. Schreibe die Buchstaben der Sprechblasen zu den passenden Zahlwörtern. Wenn du Hilfe brauchst, schau im Buch unter *Les nombres en français*, **S. 125 nach.**

A Le 67! **B** Le 76! **C** Le 54! **D** Le 42! **E** Le 88! **F** Et le 95!

☐ quarante-deux
[A] soixante-sept
☐ cinquante-quatre
☐ quatre-vingt-quinze
☐ quatre-vingt-huit
☐ soixante-seize

76|2 **2B** ◐ 2–3 PUNKTE

Bei einer Tombola werden die Gewinnzahlen ausgerufen. Schreibe sie als Ziffern auf. Wenn du Hilfe brauchst, schau im Buch unter *Les nombres en français*, **S. 125 nach.**

a soixante-treize
b cinquante-six
c soixante-trois
d quatre-vingt-dix-neuf
e quatre-vingt-neuf
f quarante-six

a Le *73*!
b Le ______!
c Le ______!
d Le ______!
e Le ______!
f Le ______!

76|2 **2C** ● 4 PUNKTE

Bei einer Tombola werden die Gewinnzahlen ausgerufen. Fülle die Lücken in den Zahlwörtern aus.

a _s_ o _i_ _x_ a _n_ t _e_-d _o_ u _z_ _e_

b __ e __ t

c q __ a __ __ __-__ i __ __ t-__ i n __

d __ u a __ r __-v __ __ g __ __

e s __ __ __ a n t __-__ __ a t __ __

f c i n __ __ a __ __ __-n __ __ f

76|3 **3A** ○ 0–2 PUNKTE

a Unterstreiche in den folgenden Sätzen die männlichen Nomen und kreise die weiblichen ein. Wenn du Hilfe brauchst, schau im Buch in der *Liste alphabétique*, S. 153–160 nach.

à la   à l'   aux   au

vas   vont   vais   va   allez   allons

1. Ils _vont_ école.
2. Je ____________ boulangerie.
3. Tu ____________ parc?
4. On ____________ stade.
5. Vous ____________ médiathèque?
6. Nous ____________ Deux-Alpes, et vous?

b Der Computer hat verrückt gespielt! Vervollständigt die Sätze von a mit der passenden Form des Verbs *aller* und mit *à la*, *à l'*, *au* und *aux*. Wenn du Hilfe brauchst, schau im Buch in den *Repères*, S. 41/2 (Das Verb *aller*) und 41/3 (Der zusammengezogene Artikel mit der Präposition *à*) nach.

76|3 **3B** ◐ 3–4 PUNKTE

Knacke den Code! Schreibe auf, wohin die Jugendlichen gehen und füge Akzente hinzu, falls nötig. Wenn du Hilfe brauchst, schau im Buch in den *Repères*, S. 41/2 (Das Verb *aller*) und 41/3 (Der zusammengezogene Artikel mit der Präposition *à*) nach.

Code	aus:	A	B	C	D	E	F	G	H	I	J	K	L	M	N	O	P	Q	R	S	T	U	V	W	X	Y	Z
	wird:	Z	A	B	C	D	E	F	G	H	I	J	K	L	M	N	O	P	Q	R	S	T	U	V	W	X	Y

1. Wpvt bmmfa pv? _Vous allez où?_
2. Jm wb b mb cpvmbohfsjf. ____________
3. Opvt bmmpot bv djofnb. ____________
4. Kf wbjt b m'fdpmf. ____________
5. Fmmft wpou bv spmmfs qbsd. ____________
6. Fu upj, uv wbt bv tubef? ____________

76|3 **3C** ● 5–6 PUNKTE

Emma glaubt zu wissen, wo Luc hingeht. Luc verneint jedes Mal und sagt, wohin er statt dessen geht. Schreibe Sätze mit der passenden Form des Verbs *aller* und mit *à la*, *à l'*, *au* und *aux*.

1 librairie? boulangerie
2 cinéma? collège
3 Deux-Alpes? Marseille
4 cybercafé? roller parc

1. E: Tu vas à la librairie? L: Non, je ______
2. ______
3. ______
4. ______

77|4 **4A** ○ 0–2 PUNKTE

Was passt zusammen? Verbinde die passenden Sätze miteinander. Wenn du Hilfe brauchst, schau im Buch unter *Les mots pour le dire*, S. 168 (Über Hobbys und Vorlieben sprechen) und S. 170 (Sich verabreden) nach.

Ich zeichne sehr gern.	1	a	On va au roller parc?
Ich mag keine Rapmusik.	2	b	À quelle heure?
Gehen wir zum Skaterpark?	3	c	Moi non plus!
Um wie viel Uhr?	4	d	J'adore dessiner.
Ich auch nicht!	5	e	Je n'aime pas le rap.

77|4 **4B** ◐ 3–5 PUNKTE

Was machen wir heute? Stelle die Minidialoge wieder her. Wenn du Hilfe brauchst, schau im Buch in *Les mots pour le dire*, S. 168 (Über Hobbys und Vorlieben sprechen) und S. 170 (Sich verabreden) nach.

1. – Qu'est-ce que tu aimes ______?
   – J'aime la nature et le sport.
2. – ______?
   – Aujourd'hui, je vais au stade.
3. – ______?
   – Oui, j'ai le temps.
4. – ______?
   – Je passe chez toi à cinq heures.

77|4 **4C** ● 7–8 PUNKTE

Mathilde ruft Juliette an und möchte sich mit ihr verabreden. Schreibe auf, was Mathilde sagt.

Juliette: Allô!

Mathilde: Salut, Juliette! C'est Mathilde.

____

Juliette: Ah, salut, Mathilde!

Mathilde: ______________________________

____

Juliette: Je suis dans ma chambre, je travaille.

Mathilde: ______________________________

____

Juliette: À la médiathèque ... D'accord! Tu passes d'abord chez moi?

Mathilde: ______________________________

Juliette: À deux heures ... Non, ce n'est pas possible.

Mathilde: ______________________________

Juliette: À quatre heures!

Mathilde: ______________________________

Juliette: À plus!

Unité 3

77|1 **1A** ○ 0–4 PUNKTE

Ordne die ausgeschriebenen Uhrzeiten den Uhren zu. Schreibe unter jede Uhr den passenden Buchstaben. Wenn du Hilfe brauchst, schau im Buch in der *Liste des mots*, **S. 138 nach.**

a une heure et demie
b huit heures et demie
c huit heures et quart
d deux heures vingt
e midi et demi
f deux heures moins dix
g huit heures moins le quart

07:45	08:15	08:30	12:30	13:30	13:50	14:20
g						

77|1 **1B** ◐ 5–7 PUNKTE

Wie spät ist es? Ergänze wenn nötig mit *le* **oder** *et*. **Wenn du Hilfe brauchst, schau im Buch in der** *Liste des mots*, **S. 138 nach.**

16:45	cinq heures moins __le__ quart
11:50	midi moins ______ dix
20:30	huit heures ______ demie
07:20	sept heures ______ vingt
16:35	cinq heures moins ______ vingt-cinq
08:15	huit heures ______ quart.

77|1 1C ● 8–10 PUNKTE

Ergänze die Uhrzeiten in allen drei Spalten.

Es ist ...		Il est ...
halb elf	10:30	dix heures et demie
	12:15	
		cinq heures moins le quart
	17:40	
zwanzig nach sechs		

77|2 2A ○ 0–3 PUNKTE

a **Lies die deutschen Sätze und kreuze für jeden Satz an, ob es einmal (am Montag) oder regelmäßig (montags) stattfindet.**

		einmalig	regelmäßig
Montags habe ich Schule um halb zehn.	a	☐	☒
Am Samstag kommt sie bei mir vorbei.	b	☐	☐
Am Sonntag essen wir bei unseren Großeltern.	c	☐	☐
Montags ist er immer zu spät.	d	☐	☐

b **Finde zu den deutschen Sätzen aus a die französischen Entsprechungen. Trage in das Kästchen den passenden Buchstaben ein. Wenn du Hilfe brauchst, schau im Buch S. 60 nach.**

1 Le lundi, il est toujours en retard. ☐

2 Dimanche, nous mangeons chez nos grands-parents. ☐

3 Samedi, elle passe chez moi. ☐

4 Le lundi, j'ai cours à neuf heures et demie. a

77|2 2B ◐ 4–5 PUNKTE

Finde zu jeder Antwort die passende Frage und schreib sie auf. Wenn du Hilfe brauchst, schau im Buch S. 60 nach.

a Qu'est-ce que tu fais, le mercredi après-midi?

b Tu as sport, le lundi?

c On va au cinéma, dimanche?

d Le jeudi, tu rentres à midi?

1. – Le jeudi, tu rentres à midi ?
   – Non, je mange toujours à la cantine.
2. – ____________________ ?
   – Ce n'est pas possible: je suis chez ma grand-mère.
3. – ____________________ ?
   – Oui, toujours à 10 heures.
4. – ____________________ ?
   – Je vais toujours au club de foot.

77|2 **2C** ● 6–7 PUNKTE

Camille berichtet über ihren Tagesablauf in der Schule. Vervollständige, wenn nötig, mit *le*.

Moi, je n'aime pas __le__ lundi parce que ______ lundi, on a français. Mais aujourd'hui, c'est ______ jeudi et ______ jeudi, j'ai toujours ______ cours à 10 heures. D'abord, on a ______ sport et moi, j'adore ______ sport. Après, on a ______ histoire: ______ prof est super. ______ jeudi après-midi, on va toujours au CDI après la cantine. On fait nos devoirs ou on surfe sur ______ Internet. Moi, j'adore ______ jeudi!

77|3 **3A** ○ 0–1 PUNKTE

Finde die Formen des Verbs *pouvoir* **wieder und vervollständige die Tabellen. Wenn du Hilfe brauchst, schau im Buch unter** *Les verbes*, **S. 126 nach.**

POUVOIR

............je	peux
............tu	______
...il/elle/on	______
............nous	______
............vous	______
......ils/elles	______

KÖNNEN

............ich	kann
............du	______
er/sie/man	______
............wir	______
............ihr	______
............sie	______

78|3 **3B** ◐ 2–3 PUNKTE

Ergänze mit den Formen des Verbs *pouvoir*. **Wenn du Hilfe brauchst, schau im Buch unter** *Les verbes*, **S. 126 nach.**

je	______peux	nous	______ons
tu	______x	vous	______ez
il, elle, on	______t	ils/elles	______ent

78|3 **3C** ● 4 PUNKTE

Anaïs, Véro, Julie, Tom und Yann planen eine Party. Vervollständige den Dialog mit den passenden Formen des Verbs *pouvoir*.

Julie: Qu'est-ce qu'on __peut__ faire pour la fête?

Yann: Moi, je ______ préparer une salade. Et vous, qu'est-ce que vous ______ faire?

Anaïs et Véro: Nous ______ faire un gâteau. Et toi, Tom? Tu ______ apporter ta musique?

Tom: Oui. Et les filles ______ chanter «Bon anniversaire» aussi!

78|4 4A ○ 0–1 PUNKTE

a Verbinde die deutschen Sätze mit den passenden französischen Sätzen. Wenn du Hilfe brauchst, schau im Buch in *Les mots pour le dire*, **S. 170 (Nach dem Grund fragen / Etwas begründen) nach.**

Parce que notre prof n'est pas là.	1	a	Warum bist du zu spät?
Parce que ma montre ne marche pas.	2	b	Warum könnt ihr nicht reinkommen?
Pourquoi est-ce que vous ne pouvez pas entrer?	3	c	Weil meine Uhr nicht geht.
Pourquoi est-ce que tu es en retard?	4	d	Weil unser Lehrer nicht da ist.

b Bilde mit den Sätzen von a zwei Dialoge.

1. *Pourquoi est-ce que vous ne pouvez pas entrer?* ____________________

____

2. ____________________

____

78|4 4B ◉ 2 PUNKTE

Ordne die Sätze den Bildern zu. Schreibe die passende Zahl in die Sprechblasen. Wenn du Hilfe brauchst, schau im Buch in *Les mots pour le dire*, **S. 170 (Nach dem Grund fragen / Etwas begründen) nach.**

1. Pourquoi est-ce que tu n'invites pas les copains pour ton anniversaire?

2. Parce que tu as des devoirs.

3. Pourquoi est-ce que je ne peux pas regarder la télé?

4. Parce que je vais chez Martin aujourd'hui.

5. Pourquoi est-ce qu'on ne rentre pas ensemble?

6. Parce que mes parents ne sont pas d'accord.

78|4 4C ● 3–4 PUNKTE

Ergänze die Sätze mit *pourquoi* **oder** *parce que* **und mit dem passenden Satzzeichen. Ordne die Fragen und Antworten dann zu zwei Minidialogen und schreibe sie auf.**

a *Pourquoi* est-ce qu'il ne fait pas ses devoirs *?*

b __________ il est en retard ___

c __________ il dessine un manga ___

d __________ est-ce qu'il va chez le CPE ___

1. ____________________

____

2. ____________________

____

78|5 5A ○ 0–4 PUNKTE

a **Vervollständige die Sätze mit *votre* oder *vos*. Wenn du Hilfe brauchst, schau im Buch in den *Repères*, S. 63/2 nach.**

Ihre Freundinnen

Ihre Kinder

Ihren Computer

eure Freunde

Ihr Badezimmer

Ihre Wohnung

78|5 5B ○ 5–7 PUNKTE

Unterstreiche in den folgenden Sätzen die Nomen im Singular. Wähle dann der passende Possessivbegleiter und kreise ihn ein. Wenn du Hilfe brauchst, schau im Buch in den *Repères*, S. 63/2 nach.

1. Voilà notre / (nos) amis.
2. On cherche notre / nos chat.
3. Nous rangeons notre / nos livres.
4. Leur / Leurs amies sont à Marseille.
5. Ils ne peuvent pas entrer dans leur / leurs salle de classe parce que leur / leurs professeur ne sont pas là.

78|5 5C ● 8–10 PUNKTE

Kathy und Rose sind heute zu spät. Vervollständige die Sätze mit dem passenden Possessivbegleiter. Verwende *son*, *sa*, *ses*, *leur*.

Aujourd'hui, Kathy et Rose sont en retard parce que ___leur___ montre ne marche pas! D'abord, elles vont chez le CPE. Après, elles arrivent dans __________ classe avec __________ mot d'excuse. Madame Julien, __________ prof d'histoire-géo, fait une interro-surprise! C'est l'horreur: Kathy n'a pas __________ atlas! Après histoire-géo, elles ont maths. Rose note __________ réponses sur une feuille. Kathy a 19/20 et corrige __________ faute.

78|6 **6A** ○ 0–2 PUNKTE

a **Verbinde die deutschen Sätze mit den passenden französischen Sätzen. Wenn du Hilfe brauchst, schau im Buch unter** *Les mots pour le dire*, **S. 170 (Nach dem Grund fragen / Etwas begründen) und S. 171 (Datum und Uhrzeit angeben / Den Tagesablauf beschreiben) nach.**

Montags habe ich Unterricht um acht.	1	a	Parce que notre prof n'est pas là.
Am Mittwoch gehe ich ins Kino.	2	b	Il est quelle heure?
Weil unser Lehrer nicht da ist.	3	c	Mercredi, je vais au cinéma.
Wie spät ist es?	4	d	Il est en retard.
Er ist zu spät.	5	e	Le lundi, j'ai cours à huit heures.

78|6 **6B** ● 3–5 PUNKTE

a **Was passt zusammen? Wähle den passenden französischen Satz und kreuze ihn an. Wenn du Hilfe brauchst, schau im Buch unter** *Les mots pour le dire*, **S. 170 (Nach dem Grund fragen / Etwas begründen) und S. 171 (Datum und Uhrzeit angeben / Den Tagesablauf beschreiben) nach.**

1. Ein Lehrer fragt euch, warum ihr nicht reinkommt.
   - ☐ Pourquoi est-ce que vous entrez?
   - ☐ Vous pouvez entrer?
   - ☒ Pourquoi est-ce que vous ne pouvez pas entrer?
2. Du fragst, wie spät es ist.
   - ☐ Tu as l'heure?
   - ☐ Il est quelle heure?
   - ☐ Il est trois heures.
3. Du fragst Martin, ob er in der Kantine isst.
   - ☐ Est-ce que tu manges à la cantine?
   - ☐ Est-ce que tu aimes la cantine?
   - ☐ Est-ce que tu es à la cantine?
4. Du sagst, dass du montags Unterricht um acht hast.
   - ☐ Le lundi, j'ai cours à huit heures.
   - ☐ Lundi, j'ai cours à huit heures.
   - ☐ Lundi, je n'ai pas cours à huit heures.

78|6 **6C** ● 6 PUNKTE

Stellt Lucies Tagesablauf zu den verschiedenen Uhrzeiten vor. Schreibe zu jedem Bild einen Satz.

À sept heures moins le quart, Lucie est dans la salle de bains.

____

____

____

____

____

____

Unité 4

79|1 1A ○ 0–2 PUNKTE

Kontrolliere, ob die Sätze zu dem Bild passen. Kreuze nur die Sätze an, die passen. Wenn du Hilfe brauchst, dann schau im Buch in den *Repères*, S. 83/2 nach.

1. Il y a un kilo d'oranges. [X]
2. Il y a deux sachets de bonbons. [ ]
3. Il y a une bouteille de jus d'orange. [ ]
4. Il n'y a pas d'œufs. [ ]
5. Il y a un peu de fromage. [ ]
6. Il y a trois pots de confiture. [ ]
7. Il y a un litre de lait. [ ]
8. Il y a beaucoup de beurre. [ ]

79|1 1B ◐ 3–5 PUNKTE

Auf dem Einkaufszettel ist alles durcheinander geraten. Korrigiere die Mengenangaben. Wenn du Hilfe brauchst, dann schau im Buch in den *Repères* auf S. 83/2 nach.

- un litre de bananes
- un sachet de confiture
- un kilo de lait
- une bouteille de frites
- un pot d'eau

– un kilo de bananes
____
____
____
____

79|1 1C ● 6–7 PUNKTE

Was soll Clara einkaufen? Schreibe ihren Einkaufszettel.

– un kilo de pommes
____
____
____
____
____
____
____
____
____

79|2 **2A** ○ 0–3 PUNKTE

Schreibe jedes Adjektiv in den richtigen „Anzug" hinein. Wenn du Hilfe brauchst, dann schau im Buch in den *Repères* auf S. 83/4 nach.

content prête contente prêts formidables contentes

1. Marie est (c o n t e n t e). Sa sœur est là parce que c'est l'anniversaire de leur père.
2. Marie et sa sœur organisent une fête. Elles sont ( ).
3. Quand leurs parents rentrent à la maison, la fête est ( ).
4. Le père de Marie est très ( ): La fête est super!
5. Marie et sa sœur aussi sont ( ).

79|2 **2B** ● 4–6 PUNKTE

Laurine hat Geburtstag. Streiche die Form des Adjektivs durch, die nicht passt. Wenn du Hilfe brauchst, dann schau im Buch in den *Repères* auf S. 83/4 nach.

1. Maxime fait la cuisine pour sa sœur. Il est ~~formidables~~ / formidable .
2. Il fait des frites. Elles sont bientôt prête / prêtes .
3. Laurine arrive. Elle est très contente / contentes .
4. Monsieur et Madame Fournier achètent un gâteau. Ils sont aussi formidables / formidable .
5. Maintenant, les Fournier vont au cinéma avec leurs enfants. Laurine est prête / prêt .
6. Le film est super! Les Fournier sont contents / contentes .

79|2 **2C** ● 7–8 PUNKTE

Laurine hatte es eilig, als sie diese E-Mail geschrieben hat. Ergänze sie mit den Ajektiven *content*, *formidable* oder *prêt*. Achte auf die Angleichung!

Salut, Pauline!

Merci pour les photos de ton cheval. Tu es ____formidable____, j'adore les chevaux.

Comment ça va? Moi, ça va bof, bof ... Mes parents ne sont pas ________________ parce que Maxime est toujours en retard. Mes parents et moi, nous sommes ________________ à sept heures, mais Monsieur Maxime n'est pas ________________.

Après l'école, Maxime ne veut pas aller au supermarché avec moi! Moi, je vais au supermarché et je fais aussi la cuisine avec ma mère. Je ne suis pas ________________. Maxime n'est pas sympa.

Mais j'ai mes copains! Ils sont ________________! À plus! Laurine

79|3 **3A** ○ 0–1 PUNKTE

Wer will was machen? Ergänze die Sätze mit den passenden Formen von *vouloir*. Wenn du Hilfe brauchst, dann schau im Buch unter *Les verbes*, S. 126 nach.

veux veux veut veut
voulons voulez veulent

1. Je ________veux aller au stade, mais ma sœur ne ________t pas.
2. Tu ________x faire un stage de quad? Mais tu n'as pas 13 ans!
3. Nous ________ons regarder la télé, mais nos parents ne ________ent pas.
4. Vous ________ez inviter Max et Tom, mais moi, je ne ________x pas!

79|3 **3B** ◐ 2–3 PUNKTE

Was wollen sie machen? Ergänze die Sätze mit den passenden Formen von *vouloir*. Wenn du Hilfe brauchst, dann schau im Buch unter *Les verbes*, S. 126 nach.

1. Iris ne ____veut____ pas préparer son exposé avec Paul.
2. Laurine et Marie ________ dessiner des mangas ensemble mercredi.
3. Nous ________ organiser une fête, mais ce n'est pas possible.
4. Tu ________ écouter mon CD de Soha?
5. Vous ________ un peu de gâteau?
6. Je ________ acheter un cadeau pour ma copine.

79|3 **3C** ● 4 PUNKTE

Was möchten sie tun? Schau dir die Bilder an und schreibe auf, was die Jugendlichen machen wollen. Manchmal gibt es mehrere Möglichkeiten. Verwende die Formen des Verbs *vouloir*.

Adrien et Malik veulent regarder la télé ________.

Moi, je ________.

Tu ________?

Non, Éric et moi, nous ________.

Coralie ________.

Sandrine et Ibrahim ________.

Et vous? Vous ________?

79|4 4A

○ 0–3 PUNKTE

Laurine hat auf dem Markt eingekauft. Schreibe das Gespräch zwischen Laurine und dem Händler auf. Wenn du Hilfe brauchst, dann schau im Buch unter *Les mots pour le dire* **auf S. 172–173 nach.**

Laurine: B🍃nj🍃⚽r, M🍏d🍏m👁! J👁 v🍃☁dr🍏☁s d👁⚽x k☁l🍃s d👁 p🍃mm👁s, s'☁l v🍃⚽s pl🍏ît!

Vendeuse: 👁t 🍏v👁c ç🍏?

Laurine: J👁 v🍃⚽dr🍏☁s ⚽n k☁l🍃 d👁 t🍃m🍏t👁s.

Vendeuse: V🍃☁là, c'👁st t🍃⚽t?

Laurine: 🍃⚽☁, c'👁st t🍃⚽t. Ç🍏 f🍏☁t c🍃mb☁👁n?

Vendeuse: 6 👁⚽r🍃s 50.

Laurine: V🍃☁là!

Vendeuse: M👁rc☁! 🍏⚽ r👁v🍃☁r!

Laurine: Bonjour Madame! Je ______________________________

____

Vendeuse: ______________________________

Laurine: ______________________________

Vendeuse: ______________________________

Laurine: ______________________________

Vendeuse: ______________________________

Laurine: ______________________________

Vendeuse: ______________________________

79|4 4B

◐ 3–6 PUNKTE

Nicolas kauft auf dem Markt ein. Ergänze das Gespräch zwischen Nicolas und dem Händler mit den Vokalen *a, e, i, o, u*. **Wenn du Hilfe brauchst, dann schau im Buch unter** *Les mots pour le dire*, **S. 172–173 nach.**

Nicolas: B_o_nj_o_ _u_r, M_o_ns_i_ _e_ _u_r! _I_ls c___ ___t___nt c___mb___ ___n, v___s p___ ___l___ts?

Vendeur: 7 ___ ___r___s!

Nicolas: J___ v___ ___dr___ ___s ___n p___ ___l___t!

Vendeur: ___t ___v___c ç___?

Nicolas: M___rc___, c'___st t___ ___t! V___ ___l___ 8 ___ ___r___s.

Vendeur: ___t v___ ___l___ 1 ___ ___r___! M___rc___!

79|4 **4C** ● 7–8 PUNKTE

Du bist im Urlaub in Frankreich. Deine Mutter hat dir einen Einkaufszettel geschrieben und du gehst auf den Markt. Schreibe das Gespräch auf, das du mit der Verkäuferin führst.

1 kg Äpfel + 3 Orangen
6 Eier + 1 l Milch

Toi: Bonjour, Madame! Je ______________________________

Vendeuse: ______________________________

Toi: ______________________________

Vendeuse: ______________________________

Toi: ______________________________

Vendeuse: ______________________________

Toi: ______________________________

Vendeuse: ______________________________

Unité 5

79|1 **1A** ○ 0–1 PUNKTE

In den folgenden Sätzen wird das *Futur composé* verwendet. Unterstreiche zuerst die Infinitivformen farbig. Vervollständige dann die Sätze mit der passenden Form des Verbs *aller*. Wenn du Hilfe brauchst, schau im Buch in den *Repères*, S. 98/2 nach.

1. Je ___vais___ passer le week-end à Paris.
2. Tu ______________ regarder la télé.
3. On ______________ faire la fête.
4. Nous ______________ manger un gâteau.
5. Vous ______________ écouter un concert.
6. Elles ______________ danser.

80|1 **1B** ● 2–3 PUNKTE

In den folgenden Sätzen wird das *Futur composé* verwendet. Finde die Sätze wieder und schreibe sie auf. Wenn du Hilfe brauchst, schau im Buch in den *Repères*, S. 98/2 nach.

1. allez / Qu'est-ce que / faire? / vous

Qu'est-ce que vous allez faire?

____

2. visiter / vais / musée. / Je / un

____

____

3. à / Laurine/ aller / Paris. / va

____

____

4. ne / Théo / à / aller / pas / Paris. / va

____

____

5. du / Et toi, / vas / shopping?/ tu / faire

____

____

80|1 **1C** ● 4 PUNKTE

Madame Schneider verbringt das Wochenende in Paris. Laurent will wissen, was sie machen wird. Schreibe den Dialog auf.

Laurent fragt, was sie in Paris machen wird.

Frau Schneider antwortet:
- dass sie shoppen gehen wird,
- dass sie das *musée Picasso* besichtigen wird,
- dass sie ein Croissant unter dem Eiffelturm essen wird,
- dass sie zum einem Konzert von Grégoire gehen wird.

Laurent: Qu'est-ce que vous allez faire à Paris? ______________________

Madame Schneider: ______________________

____

____

80|2 **2A** ○ 0–5 PUNKTE

a **Was passt zusammen? Verbinde die einzelnen Satzteile zu Sätzen. Wenn du Hilfe brauchst, schau im Buch in den *Repères*, S. 98/2 nach.**

Est-ce que	je	allons	visiter Paris?
Est-ce qu'	tu	vont	
	il/elle/on	vais	
	nous	allez	
	vous	va	
	ils/elles	vas	

b **Das ist Sandro. Hier stellt er sich vor. Er ist 12 Jahre alt. Sein Bruder heißt Joël. Er mag Mangas und Fußball sehr. Am Sonntag geht er zur Odiles Party. Verbinde die Sätze, die zusammen passen. Wenn du Hilfe brauchst, schau im Buch unter *Les mots pour le dire*, S. 167–168 (Über sich sprechen) nach.**

Sandro sagt, wie er heißt und wie alt er ist.	1	a	J'adore le foot et les mangas.
Sandro sagt, wie sein Bruder heißt.	2	b	Mon frère, c'est Joël.
Sandro sagt, welche Hobbys er hat.	3	c	Dimanche, je vais à la fête d'Odile.
Sandro sagt, was er am Sonntag vorhat.	4	d	Je m'appelle Sandro et j'ai douze ans.

80|2 **2B** ◐ 6–9 PUNKTE

a **Was passt zusammen? Schreibe die sechs möglichen Sätze auf. Achtung: Es gibt mehrere Möglichkeiten. Wenn du Hilfe brauchst, schau im Buch in den *Repères*, S. 98/2 nach.**

Est-ce	que tu	allez	au concert de rap?
Qu'est-ce	que vous	va	visiter?
	qu'on	vas	

____

____

____

b **Das ist Rosalies Steckbrief. Stelle sie vor und schreibe die Sätze auf.**

Voilà Rosalie. Elle ______________________

____

____

____

____

____

____

nom: Rosalie
âge: 12 ans
classe: en 5^e
la musique et danser
le cheval et ranger sa chambre
copains: Luc, Marie
famille: un frère (Thibaut), une sœur (Mathilde)

80|2 **2C** ● 10–12 PUNKTE

a **In diesem Interview erzählt Romain, was er am Wochenende in Paris machen wird. Finde die richtige Reihenfolge der Sätze.**

a Et tu vas faire du shopping après?
b Oui, je vais habiter chez mon cousin.
c Tu vas passer le week-end à Paris?
d Devant la Tour Eiffel, à 14 h 30.
e Yale, j'adore! Son concert, c'est où?
f Oui, peut-être, je ne sais pas encore.
g Oui, je vais aller au concert de Yale.
h Est-ce que tu vas aller à la Fête de la musique?

1. [c] 2. [ ] 3. [ ] 4. [ ] 5. [ ] 6. [ ] 7. [ ] 8. [ ]

b **Du machst Urlaub in Frankreich und lernst Yvan mit seinen beiden Schwestern kennen. Du willst viel über ihn erfahren. Schreibe die Fragen auf.**

Du fragst:
1. wie er heißt und wie alt er ist,
2. wo er wohnt und ob er in die 7. Klasse geht,
3. ob er Geschwister hat,
4. ob er Fußball mag
5. was er nicht gern tut,
6. was er am Wochenende vorhat.

Tu t'appelles comment? Tu ______________________

____

____

____

____

____

Unité 1 Unité 1 Unité 1

C'EST QUAND, TON ANNIVERSAIRE?

Unité 1 Unité 1 Unité 1

Unité 1 Unité 1 Unité 1

OÙ EST LE GÂTEAU?

Unité 1 Unité 1 Unité 1

Unité 1 Unité 1 Unité 1

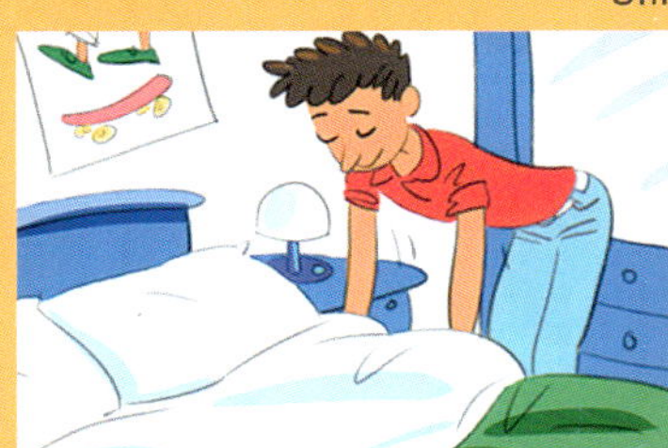

QU'EST-CE QUE TU FAIS?

Unité 1 Unité 1 Unité 1

Unité 2 Unité 2 Unité 2

OÙ EST-CE QUE TU VAS?

Unité 2 Unité 2 Unité 2

Unité 2 Unité 2 Unité 2

QU'EST-CE QUE TU N'AIMES PAS?

Unité 2 Unité 2 Unité 2

Unité 2 Unité 2 Unité 2

QU'EST-CE QUE TU AIMES FAIRE?

Unité 2 Unité 2 Unité 2

Die Satzmaschine

Mit der Satzmaschine lassen sich ganz einfach französische Sätze bilden und üben.

Eine Bastel- und Gebrauchsanweisung befindet sich auf der Rückseite dieser Pappseite – viel Spaß!

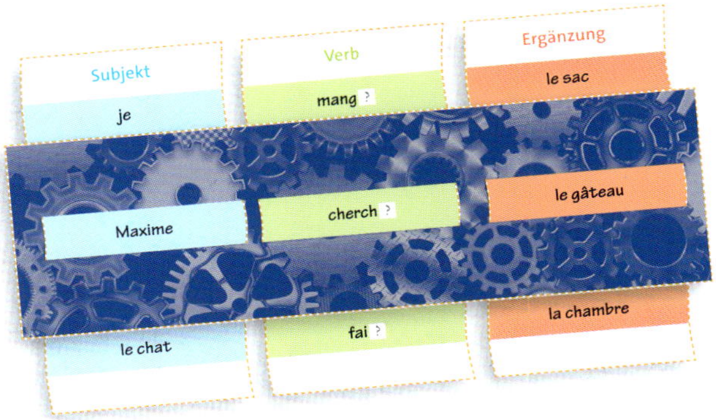

Subjekt	Verb	Ergänzung
je	mang ?	le sac
tu	rang ?	le quartier
Maxime	cherch ?	le gâteau
le chat	fai ?	la chambre

Bastel- und Gebrauchsanleitung für die Satzmaschine

1. Schneide die Streifen Subjekt, Verb, Ergänzung und die Satzmaschine aus.
2. Schneide Schlitze entlang der gestrichelten Linien in die Satzmaschine.
3. Trage auf dem Streifen Subjekt weitere Subjekte (z. B. *Marie, le frère*) und auf dem Streifen Verb weitere Verben ein, die eine Ergänzung mit sich führen (z. B. *regarder, aimer*) – bei Bedarf auch auf der Rückseite. Schreibe auf den Streifen Ergänzung weitere mögliche Ergänzungen.
4. Stecke die Streifen so durch die Schlitze der Satzmaschine, dass du die Wörter in den drei Fenstern sehen kannst.
5. Bilde nun mit Hilfe deiner Satzmaschine sinnvolle Sätze. Vergiss nicht, das Verb zu konjugieren.

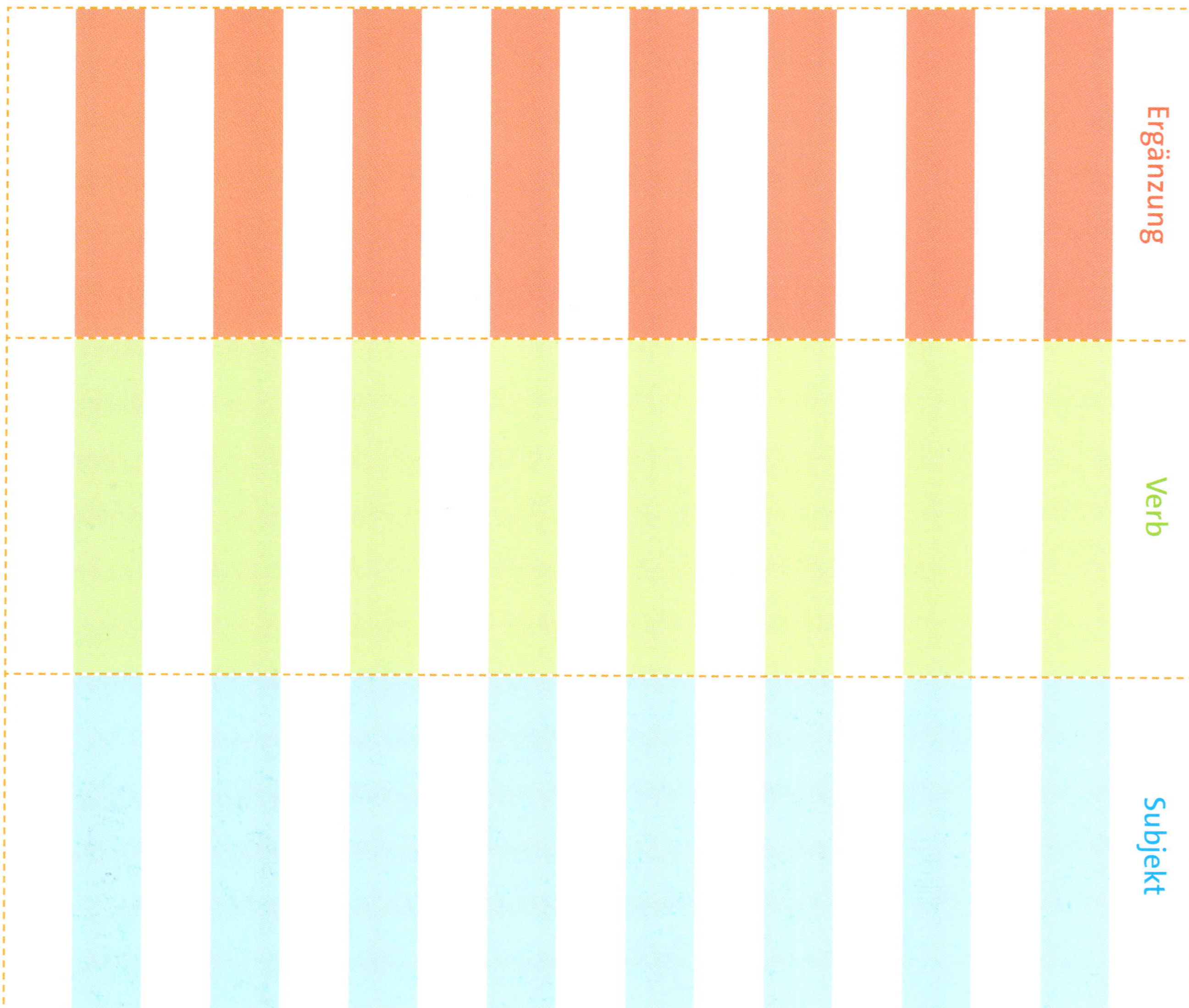

C'EST QUAND, TON ANNIVERSAIRE?

Mon anniversaire, c'est le 18 février.	Mon anniversaire, c'est le 21 décembre.	Mon anniversaire, c'est le 31 mai.
Mon anniversaire, c'est le 15 août.	Mon anniversaire, c'est le 2 septembre.	Mon anniversaire, c'est le 1er avril.

OÙ EST LE GÂTEAU?

Le gâteau est devant la fenêtre.	Le gâteau est (dans la salle de classe,) sur une chaise.	Le gâteau est (dans une boulangerie) entre les baguettes et les brioches.
Le gâteau est dans la cuisine, (sur l'étagère).	Le gâteau est sous la table, (dans le salon).	Le gâteau est dans le sac.

QU'EST-CE QUE TU FAIS?

Je fais la fête.	Je fais mon lit.	Je fais/prépare une salade.
Je fais mes devoirs de français. / Je travaille pour l'école.	Je fais le numéro de mon copain / ma copine.	J'apporte un cadeau (à ma grand-mère).

OÙ EST-CE QUE TU VAS?

À dix heures, je vais au club de basket.	À une heure, je vais à la piscine.	À quatre heures, je vais chez mes grands-parents.
À sept heures, je vais au collège.	À onze heures, je vais à la médiathèque / au CDI.	À six heures, je vais chez mon ami Joël.

QU'EST-CE QUE TU N'AIMES PAS?

Je n'aime pas le tennis.	Je n'aime pas les exposés.	Je n'aime pas les gâteaux.
Je n'aime pas la nature / les animaux.	Je n'aime pas le collège / l'école.	Je n'aime pas les fêtes-surprises.

QU'EST-CE QUE TU AIMES FAIRE?

J'aime jouer au foot.	J'aime dessiner des bédés.	J'aime préparer une pizza / faire la cuisine.
J'aime ranger ma chambre.	J'aime regarder des photos.	J'aime rêver/chanter.

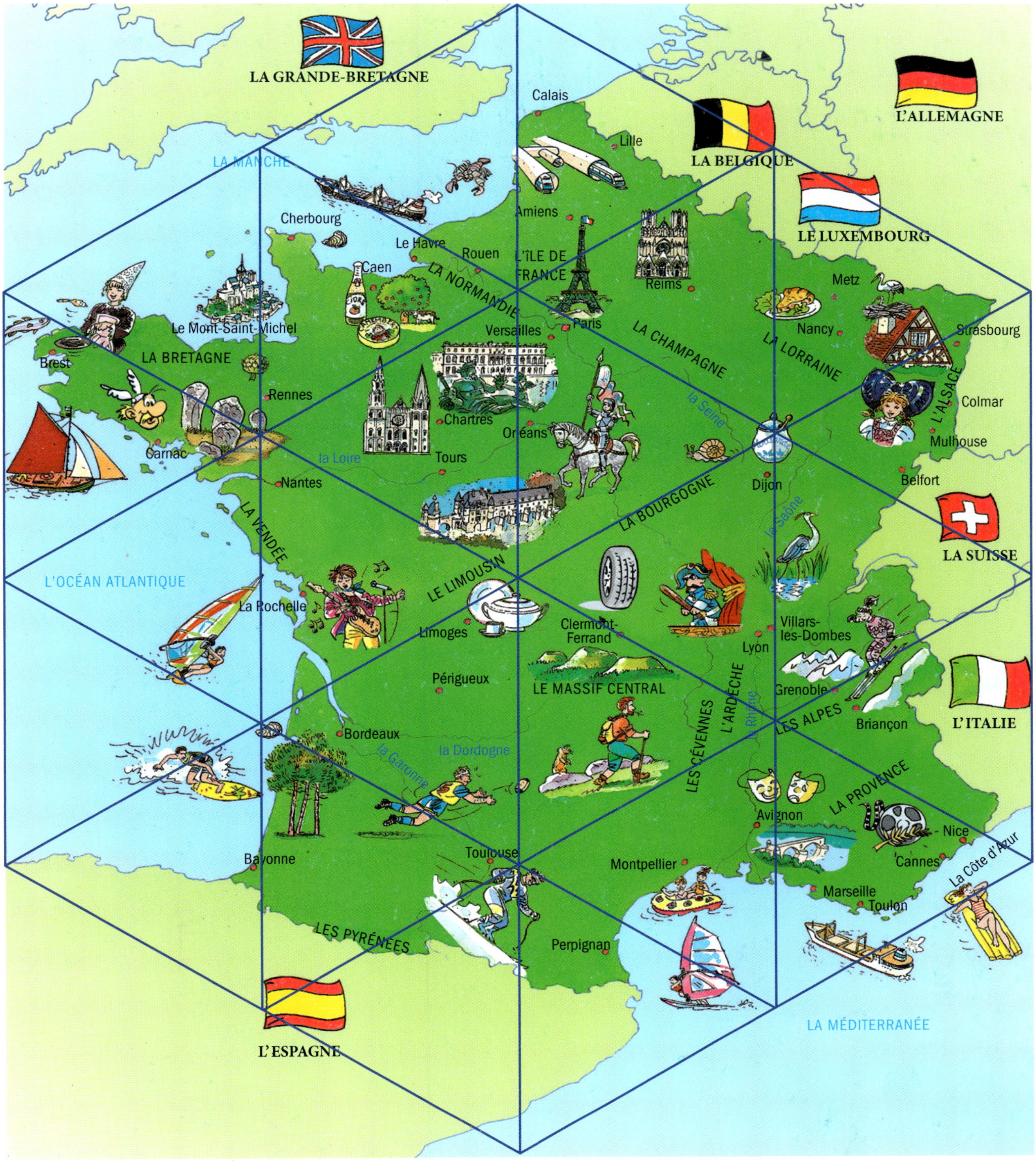

Für 1–4 Spieler (Vorderseite: 1 Frankreichkarte, Rückseite: 24 Dreieckskärtchen)

Das Spiel funktioniert wie ein Puzzle und muss auf einer festen Unterlage, z. B. auf einem Hefter, gespielt werden, damit man am Ende der zweiten Spielphase alle Dreieckskärtchen auf einmal wenden kann.

Erste Spielphase

Ziel: Mit Hilfe der Verben und Bilder auf den Dreieckskärtchen sinnvolle Sätze bilden und die Kärtchen anlegen.

1. Ein beliebiges Kärtchen wird mit der Vorderseite (= Frankreichkarte) nach unten auf die Unterlage gelegt.
2. Die übrigen 23 Dreieckskärtchen werden gemischt und auf einen Stapel gelegt. Der erste Spieler zieht das oberste Kärtchen vom Stapel und versucht es anzulegen. Dazu sucht er/sie ein Verb und ein Bild, die zusammenpassen. Der Spieler bildet laut einen Satz und legt sein Kärtchen an (z.B.: chercher + Bild Schlüssel → Je cherche mes clés.).
3. Die anderen Mitspieler prüfen, ob Verb und Bild zusammenpassen, ob der Satz richtig war und das Kärtchen richtig liegt. Während der ersten Spielphase darf der Spieler, der gerade am Zug ist, die bereits abgelegten Kärtchen verschieben und neu anlegen.

Regel: An allen Seiten der Dreieckskärtchen, die nebeneinander liegen, müssen Verb und Bild zusammenpassen.

▸

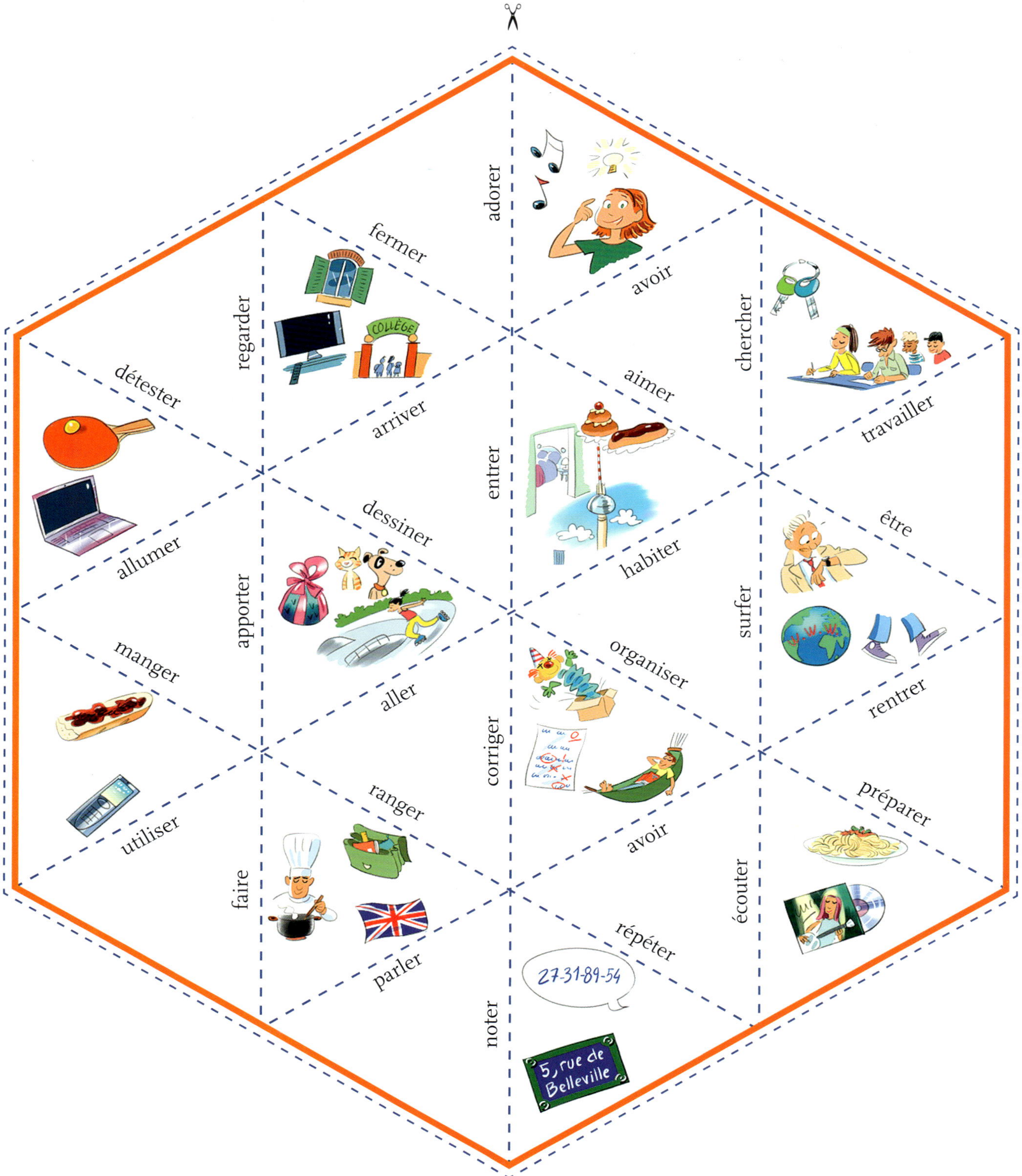

❹ Wenn ein Spieler zieht, aber nicht anlegen kann, behält er/sie das Kärtchen. Bei seinem nächsten Spielzug darf er/sie nicht nur das neu gezogene Kärtchen anlegen. Er/Sie probiert auch, ob eines der anderen Kärtchen passt, die er/sie bei sich liegen hat.
→ In der ersten Spielphase geht es darum, so viele passende Kärtchen wie möglich aneinanderzulegen. Die Form, die dabei entsteht, muss kein Sechseck sein.

❺ Alle Spieler ziehen und bilden so lange Sätze, bis alle Kärtchen abgelegt sind.

Zweite Spielphase

Ziel: Gemeinsam die 24 Dreieckskärtchen zu einem Sechseck legen. Die Kärtchen dabei so anordnen, dass die Frankreichkarte wieder hergestellt wird.

❻ Alle versuchen gemeinsam, die Dreieckskärtchen so zu verschieben und neu anzuordnen, dass sie ein Sechseck bilden. Auch hier gilt die Regel (siehe ❸).
→ Orientiert euch an den Kärtchen, die den Rand des Sechsecks bilden. Sie sind mit einem orangefarbenen Streifen markiert.

❼ Wenn das Sechseck komplett ist, wird das Puzzle mit Hilfe einer zweiten Unterlage gewendet. Die Karte Frankreichs ist zu sehen, wenn alle Dreieckskärtchen richtig liegen.